AF296731

# INSTRUCTION
# MEMORABLE

## CONTENANT

# LES CONTESTATIONS

### D'ENTRE

*MARTIN MARCARA AVACHINS* Gentilhomme Perſan, cy-devant Conſeiller au Conſeil Souverain de l'Iſle Dauphine, & Directeur de tous les Comptoirs des Indes Orientales & de Perſe, pour la Compagnie Françoiſe.

## ET LES SIEURS DIRECTEURS GENERAUX
de la Compagnie des Indes Orientales.

*OU L'ON VERRA LES FATIGUES ET LES PERTES* que le Sieur Marcara ſouffre de la part deſdits Sieurs Directeurs, depuis plus de dix-huit ans, & le peu de juſtice qu'ils lui voudroient faire, s'il n'étoit ſous la protection de Sa Majeſté, qui a eu la bonté de prendre connoiſſance de ſes intereſts.

## TRES-PUISSANT ET TRES-ABSOLU MONARQUE CHASELEMAN.

MOY Avetis, fils autrefois de Chacik Barachins, Habitant de la Ville d'Ispaham Capitale de Perse, étably par le Roy des Perses, Gouverneur des Armeniens dans le Quartier de Julpha; J'ay appellé plusieurs Personnes de qualité, les plus considerables & les plus anciens Citoyens, tant Ecclesiastiques, qu'autres, pour rendre témoignage de la Famille, de la Generation & de la Tribu de Monsieur Mardiros, fils de Marcara. Tous ces Messieurs Armeniens, Témoins, m'ont assûré de la Famille & de la Tribu dudit Sieur Mardiros, & qu'il étoit de la Noble Famille de Marcara. Lesquels Témoins ont écrit plus bas leurs Noms & Surnoms de leur propre main, & y ont appliqué leurs Sceaux. Et voicy le témoignage de ces Témoins, qui assûrent que Monsieur Mardiros Avachins est de grande Famille & d'une Tribu considerable, & fils autrefois de Marcara, Citoyen de la Ville de Julpha; & à present encore le même Mardiros & ses Freres, sont personnes de grande qualité & de tres grande consideration parmy nous.

MOY David Vertapied & Evêque de Julpha, j'ay esté present, lorsque Messieurs les Armeniens, dont les noms sont cy-dessous écrits ont donné témoignage pour Monsieur Mardiros Avachins.

Moy Estienne Vertapied & Evêque de Julpha, je sçay que Monsieur Mardiros Avachins, fils de Marcara, est de tres-illustre & noble Famille.

Moy Michel Vertapied, je connois que Mardiros est de grande Famille, & Noble.

Moy Jean Vertapied, je sçay que Mardiros est de grande Famille & Noble, & je l'ay souscrit de ma propre main.

Moy Alexandre Vertapied, je suis assûré que Mardiros Avachins est de grande Famille & Noble.

Moy Serge, Curé dans l'Eglise de Saint Estienne de Julpha, je suis certain que Mardiros Avachins est de grande Famille & Noble.

Moy Jean, Curé dans l'Eglise de Bethleem de Julpha, j'atteste que Mardiros Avachins est de grande Famille & Noble.

Moy Isaac, Curé dans l'Eglise N. Dame de Julpha, je sçay que Monsieur Mardiros est de grande Famille & Noble.

Moy Pierre, Curé dans l'Eglise Saint Jacques, je connois que Monsieur Mardiros Avachins est de grande Famille & Noble.

Moy Aziric, Curé dans l'Eglise du Saint Esprit de Julpha, je suis assûré que Monsieur Mardiros Avachins est de grande Famille & Noble.

Moy Aristaques, Curé dans l'Eglise de N. Dame de Julpha, je reconnois que le Sieur Mardiros de Marcara Avachins est d'illustre & de grande Famille, & luy, comme ses Freres, tres-considerez chez nous.

Moy Margare, Prêtre, j'affirme ce que dessus veritable.

Moy Cyriac, fils de Chacik, j'atteste que tout ce qui a esté cy dessus déclaré, est tres-veritable.

Moy Jean Tavart, j'atteste encore la même chose, en presence de tous les hommes, & je le souscris de ma propre main, & y ay apposé mon sceau, comme tous les autres cy-après.

| | | |
|---|---|---|
| Saphar, fils d'Agavely. | Umbrumaga, fils de Guerac. | Oscan, fils de Margare. |
| Pierre, fils d'Agavely. | Evas, fils de Halust. | Nazaret, fils de Margare. |
| Ævidie, fils de Jevan. | Maruc, fils de Simon. | Chacik, fils d'Alaverdy. |
| Margare, fils de Jovan. | Gregoire Lucicens. | Estienne, fils de Dilac. |
| Karapiet, fils de Jan. | Satur, fils de Nicolas. | Malim, fils de Bargan. |
| Saphar, fils de Pierre. | Vatan, fils de Georges. | Herapiel, fils de Edgary. |
| Matthieu, fils de Jacques. | Chogiagian, fils d'Aveticq. | Paul, fils de Agagan. |
| Estienne, fils d'Agaphir. | Zacharie, fils de Guerac. | Avac, fils de Jan. |
| David, fils de Margare. | Luc, fils de Pierre. | Jean, fils de Gregoire. |
| Melienas, fils de Sarad. | Gregoire, fils de Margare. | Minas, fils de Matthieu. |
| | Paul, fils de Manuel. | Agazar, fils de Camal. |
| | Sultangul, fils de Tastaly. | Zatur, fils de Paul. |
| | Manazacan, fils de Gregoire. | Chaciatur, fils de Lazarte. |
| | Canan, fils de Minas. | Jan, fils de Jacques. |
| | Matum, fils de Jan. | Zarra, fils d'Estienne. |
| | Bargam, fils de Giangry. | Michel, fils de Miazar. |
| | Agamah, fils de Nusic. | Agamal, fils de Bargam. |
| | Agazar, fils de Paul. | Thadée, fils de Bagum. |
| | Minas, fils d'Estienne. | Baltasar, fils de Gregoire. |
| | Pannos, fils d'Aveticq. | Oscan, fils de Jean. |

CE Papier icy est un Acte que les Armeniens de Julpha ont passé entr'eux : Les seings qui sont à main gauche, sont de leur Clergé; & les seings à main droite, sont de leurs Principaux. F. Raphael du Mans Superieur des PP. Capucins Missionnaires en Hispaham. Ce 19. Novembre 1682.

Nous P. Tavernier, attestons que la presente Attestation, sont les veritables signatures & sceaux des premiers de Julpha.

Nous Helie Grangier, François de Nation, & Orphevre du Roy de Perse, atteste que le present Acte a esté fait en Julpha, & signé des premiers des Armeniens. Helie Grangier.

Le Sieur Marcara a produit trois Certificats passez pardevant les Notaires publics de Venise, d'Amsterdam & de Ligourne, lesquels sont relatifs au present Acte.

# INSTRVCTION MEMORABLE
## Contenant les Contestations d'entre

*Martin Marcara Avachins Gentilhomme Persan, cy-devant Conseiller au Conseil Souverain de l'Isle Dauphine, & Directeur de tous les Comptoirs des Indes Orientales & de Perse, pour la Compagnie Françoise.*

## ET les Sieurs Directeurs Generaux de la Compagnie des Indes Orientales.

*Où l'on verra les fatigues & les pertes que le Sieur Marcara souffre de la part desdits Sieurs Directeurs, depuis plus de dix-huit ans, & le peu de justice qu'ils lui voudroient faire, s'il n'étoit sous la protection de Sa Majesté, qui a eu la bonté de prendre connoissance de ses interests.*

C'EST une nouveauté surprenante, que dans le plus auguste Tribunal du monde, & devant le Trosne du plus grand des Monarques, les Sieurs Directeurs des Indes Orientales osent faire trophée des cruautez que quelques-uns de leur Compagnie ont exercées & fait exercer par leurs ordres, depuis plus de dix-huit ans, sur un Gentilhomme étranger, éloigné de son pays de 2500 lieuës, sur un sien fils, & sur un petit neveu âgé de quatre ans, ausquels ils ont fait souffrir tous les tourmens qui ne pouroient entrer que dans l'imagination des peuples les plus barbares; mais ce qui forme un prodige dans le monde, c'est que ces Messieurs qui ont élevé des monstres d'accusations contre ce Gentilhomme, pardevant des Juges de ce Royaume autant éclairez qu'il y en ait, qui sont ceux du Grand Conseil, auprés desquels il n'avoit point d'autre accez que celuy que son innocence luy donnoit, refusent maintenant ( aprés que ces monstres ont esté dissipez par un Arrest solemnel d'absolution du 30. Mars 1680. ) de luy faire la justice qu'il leur demande depuis plus de quatorze ans au Conseil de Sa Majesté, touchant les appointemens qu'ils luy doivent, la restitution de ses hardes, pourcelaines & autres effets, montant à six mil livres, la somme de 1500 livres à luy deuë par le nommé Rebert, qu'ils luy retiennent, & ses dommages & interests à cause des persecutions qu'ils luy ont fait dés l'annee 1670. & qu'ils luy continuent tous les jours, en le consommant par des procedures & des détours de la plus rafinée chicanne qu'on puisse concevoir, de maniere qu'en voulant luy faire perdre ce qu'ils luy doivent si legitimement, ils l'ont tellement éloigné de ses habitudes & de son commerce, qu'ils l'ont reduit à abandonner tout ce qu'il possede dans son pays.

Le Sieur Marcara pourroit bien employer icy tous les Factums & les Requestes qu'il a cy devant fait imprimer & distribuer, tant à la Cour, que dans Paris, où son innocence aussi bien que les calamitez que les Sieurs Directeurs luy ont causé, sont representées naturellement & dans leur pure verité. Mais parce que quand ces Messieurs se sont vûs pressez de mettre fin à une procedure, dont ils ont entretenu les longueurs depuis si long-temps, ils ont fait signifier un grand libelle, auquel ils ont donné pour titre *Estat de la Contestation pendante au Conseil, &c.* qu'ils ont remply de diffamations & de calomnies qui leur sont familieres, comme à des gens qui n'ont pour regle de leurs paroles & de leurs actions que leur interest & leur passion. Le Sieur Marcara n'a pas crû devoir demeurer dans le silence sur le portrait qu'ils ont fait de luy si desavantageusement dans cet Ecrit, & pousse

*Preambule en forme de Preface.*

*Matiere des contestations*

*Raisons du present Ouvrage.*

A

par les sentimens que l'honneur inspire, il a resolu de faire son Apologie, qui servira de réponses & de nouvelles justifications contre toutes les injures dont ces Messieurs ont tasché de l'accabler, & qui luy fournira en même temps une matiere fort ample pour demander contre eux de justes reparations.

Les Sieurs Directeurs se sont imaginez que pour s'insinuer dans les esprits par une espece d'exorde, il n'y avoit qu'à peindre le Sieur Marcara des plus noires couleurs, dont on puisse ternir la reputation d'un homme proscrit, & qu'il seroit impossible à un Etranger comme luy de relever par des veritez contraires les impostures qui seroient avancées contre luy. C'est pour cela qu'au commencement de leur libelle ils ont avancé que le Sieur Marcara étoit un faux Noble de Perse, qu'il avoit esté condamné par une Sentence du Juge Criminel de Florence, du dixieme Juillet 1663. que c'estoit un fugitif qui s'estoit retiré auprés de la Compagnie, comme dans un azile, & qu'enfin il avoit abusé des confiances que cette Compagnie avoit prise en luy, & sur cela ils ont pretendu soûtenir par des raisonnemens égarez, dont ils ont composé un gros volume, que le Procez qu'il s'agit maintenant de juger au Conseil, n'est rien du tout.

Rien n'est plus facile aux Sieurs Directeurs, qui ne veulent rien payer au Sieur Marcara, que de compter pour rien des sommes de deux ou trois cens milles livres qu'ils luy doivent; il n'en est pas de même du Sieur Marcara, sa fortune & son credit abbatus par les cruautez des Emissaires de la Compagnie, approuvées & authorisées par les Sieurs Directeurs, ses biens entierement perdus & dissipez, les grandes sommes qui luy sont dûës & les mauvais traitemens qu'il a endurez par la tyrannie la plus insupportable qu'on puisse imposer à un homme libre, à plus forte raison a un innocent, ne passeront jamais pour des chimeres, c'est neanmoins en quoy se renferme le Procez que les Sieurs Directeurs prennent pour un estre de raison.

Le Sieur Marcara sçait aussi bien que les Sieurs Directeurs, que dans un procez de la qualité de celuy-cy, un Demandeur comme luy se doit faire connoistre, non seulement par son nom, mais encore par ses qualitez & par sa reputation, auparavant même que d'entrer en matiere, mais puisque le Sieur Marcara les a déja si bien instruits de son estat & de ses mœurs, qu'il a obtenu malgré leurs sollicitations, l'Arrest du Grand Conseil du 30. Mars 1680. qui a esté suivy d'un autre du 20. Decembre 1681. où ses qualitez & son innocence ont esté reconnuës & confirmées. Ils auroient dû luy épargner les repetitions, principalement puisqu'elles tournent à leur confusion, il faut neanmoins les satisfaire sur cela encore une fois, puisqu'ils le veulent.

Il y a trois choses à montrer d'abord.

La premiere, qui est sa qualité de Gentilhomme Persan.

La seconde, qu'il n'est point proscrit.

Et la troisiéme, qu'il n'est point fugitif.

Pour sa qualité de Gentilhomme Persan, il n'auroit pas besoin de chercher d'autres titres que les Arrests du Grand Conseil des 30 Mars 1680. & 20. Decembre 1681. parce qu'elle s'y trouve parfaitement establie; & ces Arrests doivent servir de fins de non recevoir tres pressantes contre les Sieurs Directeurs, sans se donner la peine de les convaincre par d'autres raisons.

En effet ils sçavent que le Sieur Marcara & son fils ayant obtenu une adjudication de dépens par l'Arrest du 30. Mars 1680. & faisant les poursuites necessaires pour parvenir à les faire liquider, il y eut des contestations formées contre eux sur leurs qualitez de Gentilshommes, contre lesquelles les Sieurs Directeurs donnerent plusieurs Requêtes au Grand Conseil, afin de faire rayer ces qualitez; mais nonobstant ces contestations & ces Requestes, & sans y avoir egard, les dépens adjugez aux Sieurs Marcara pere & fils ont esté taxez & liquidez par l'Arrest du 20. Decembre 1681. * avec leurs qualitez de Gentilshommes Persans, qui leur ont esté conservées avec tant solemnitez, qu'elles se trouvent au commencement de l'expedition en forme de cet Arrest, dans toute leur étenduë, ainsi selon la maxime constante que *non bis judicatur in idem*, & par le respect & la consideration qu'il faut avoir pour les Arrests rendus par des Juges du Royaume, commis exprés par Sa Majesté, il n'est pas permis aux Sieurs Directeurs (sous pretexte de vouloir contester les titres du Sieur Marcara) de faire revivre des difficultez terminées & decidées en grande connoissance de cause au proffit du Sieur Marcara, & ce n'est aussi que par surabondance de droit & sans

*Calomnies des Directeurs contre le Sr Marcara, sur sa genealogie & ses actions.*

*Justificatios du Sr Marcara sur l'une & l'autre.*

*Trois choses qui servent a cette justification. Sa qualité de Gentilhomme Persan authorisée par l'Arrest du Grand Conseil du 30. Mars 1680.*

*Autre Arrest du 20. Decembre 1681.*

*Cet Arrest du 20. Dec. 1681. est produit par les Sieurs Directeurs en l'Instance prem.*

3

prejudice à ſes fins de de non recevoir peremptoires que le Sieur Marcara fera voir ſac, cotte C.
que ſes Titres & les Certificats qu'il à produits pour maintenir ſa Genealogie & ſa
Nobleſſe ſont authentiques & ſans reproche, & qu'au contraire l'Acte ou Lettre,
dont les Sieurs Directeurs ſe ſont vantez pour pretendre impugner l'une & l'autre,
eſt nulle & informe, pour ne pas dire fauſſe.

Le Sieur Marcara a produit quatre Certificats celebres, * dont deux ſont dattez *Certificats incontesta-
des 25. Aouſt & 15. Septembre 1678. & les deux autres des 21. Avril & 19. Novem- bles.
bre 1682.

Le premier a eſté paſſé par cinq Negocians Perſans de nation & d'Hiſpaham * Ces quatre
même capitale de Perſe, pardevant Tiſſeran Notaire public à Amſterdam le 25. Aouſt Certificats
1678. & legalizé par les Bourguemaiſtres, & ſcellé du Sceau de la Ville, dans lequel ſont produits
ils atteſtent la Genealogie & la Nobleſſe du Sieur Marcara avec toutes les particu- en l'Instance
laritez neceſſaires pour les rendre indubitables. au 5. ſac pre-
miere liaſſe.
L e ſecond Certificat eſt celui de vingt autres Negocians natifs de la même ville d'Hiſpaham, paſſé pardevant un Notaire public de la Place de ſaint Marc à Veniſe le
15 Septembre 1678. & legalizé par le Doge de la République, & ſcellé de ſon Sceau,
qui eſt relatif au precedent.

Et l'on peut d'autant moins douter de la verité & de l'enonciation de ces deux
Certificats, * qu'ils ont eſté vûs & communiquez aux Sieurs Directeurs, lors des * Ces 2. Cer-
Arreſts du Grand Conſeil des 30. Mars 1680. & 20. Decembre 1681. tificats ſont
inſerez dans
le vû de l'Arreſt du Grand Conſeil du 30. Mars 1680. produit en l'Instance, au troiſiéme ſac, cotte C, & encore dans le vû de l'Arreſt du Grand Conſeil du 20. Decembre 1681. produit par les Sieurs Directeurs au premier ſac
cotte C.

Cependant les Sieurs Directeurs pretendent tout de nouveau les diſputer, non- Objections
obſtant ces Arreſts, & traitent de vagabonds & de gens ſans conſcience ceux qui les des Direct.
ont ſignez, ils ſe plaignent même de ce que l'on ne prouve pas que ces particuliers
fuſſent Perſans. Mais ces contredits ſont ſi legers & ſi peu raiſonnables, qu'ils portent leurs réponſes d'eux-mêmes.

1°. Le Sieur Marcara n'a pas mendié ces Certificats & ne peut pas eſtre accuſé Réponſes de
d'avoir ſeduit ceux qui les ont paſſé, il n'eſtoit ni à Amſterdam ni à Veniſe, il étoit Marcara.
à Paris au milieu des peines que luy donnoient les Sieurs Directeurs.

2°. Ils ſont publiquement faits, & toutes les formalitez neceſſaires pour leur donner de l'authorité y ont eſté gardées.

3°. Dans Veniſe & dans Amſterdam les perſonnes publiques diſtinguent fort bien
les Perſans d'avec les naturels du Pays.

4°. On ne peut mieux prouver ſa Genealogie & ſa Nobleſſe, que par les atteſtations de ceux qui ſont d'une même Ville & qui ont une même origine, c'eſt pourquoy rien ne manque pour la validité de ces Certificats, & ce qui acheve d'en aſ-
ſurer la verité, c'en ſont deux autres dattez, comme il vient d'eſtre obſervé, des
21. Avril & 19. Novembre 1682. qui ſont les troiſiéme & quatriéme Certificats qu'il
eſt bon d'examiner, & contre leſquels les Sieurs Directeurs n'ont rien oppoſé.

Celuy du 21. Avril 1682. a eſté paſſé par dix-ſept Perſans negocians à Ligourne
& a eſté certifié par le Sieur Cottelendy Conſul de la nation Françoiſe en ce pays-
là, qui porte les mêmes choſes que les precedens.

Mais celuy du 19. Novembre 1682. doit abſolument fermer la bouche aux Sieurs
Directeurs, parce qu'il a eſté paſſé dans Hiſpaham même, au quartier de Julpha,
par douze perſonnes des plus conſiderables du Clergé qui y eſt étably par la permiſſion du Roy de Perſe; ſçavoir, l'Archevêque, ſon Coadjuteur, trois Docteurs
& Predicateurs; ſix Curez de Parroiſſes, & un ſimple Preſtre. Ces douze Eccleſiaſtiques ſont ſuivis par quarante-un Laics naturels de Perſe & gens de la premiere qualité, qui tous enſemble atteſtent pardevant le Gouverneur pour le Roy de Perſe au
quartier de la Nation, que le Sieur Marcara eſt d'une famille tres-illuſtre & tres-no-
ble, & que tous ſes freres & parens ſont encore aujourd'huy dans un etat floriſſant.

Sur ce Certificat il y a quatre obſervations à faire qui ſont importantes. Obſervatiõs

Dont la premiere eſt que perſonne ne peut mieux & plus certainement parler & ſur les Certi-
depoſer de la nobleſſe du Sieur Marcara que les Eccleſiaſtiques d'Hiſpaham dans le ficats de
quartier de Julpha, parce que c'eſt le Clergé qui eſt depoſitaire de tous les Titres Marcara.
& anciens Monumens de la Nobleſſe qui a eſté transferée de l'Armenie Majeure en
Perſe, de laquelle eſt ſorty le Sieur Marcara, que tous ces Atteſtans ont nommé

Martin Mardiros Marcara, iſſu de la Maiſon noble des Avachins.

La ſeconde obſervation eſt que ce Certificat ſolemnel a eſté paſſé par des per-ſonnes ſans reproche, *omni exceptione majores*, & qu'il a eſté encore atteſté par le P. Raphaël du Mans Superieur des Capucins à Hiſpaham, dont la foy doit avoir icy d'autant plus de credit, qu'il eſt François & dans un degré à connoître tous ceux qui ont paſſé ce Certificat & à pouvoir valablement rendre compte des veritez qui y ſont exprimées.

La troiſiéme obſervation eſt que le Sieur Tavernier le jeune, François de nation, & qui frequente la Perſe & les Indes Orientales, où il a acquis de grandes connoiſſances & de longues habitudes depuis plus de trente ans, a pareillement ſouſcrit ce Certificat.

La quatriéme obſervation eſt que le nommé Helie Grangier Orfévre du Roy de Perſe, auſſi François de nation a ſigné, de même que le Pere Raphaël du Mans, & le Sieur Tavernier le Certificat de queſtion : Et ce qui rend le témoignage de cét homme tout à fait certain contre les Sieurs Directeurs, c'eſt qu'eux-mêmes ſe ſont ſervis de luy, comme il ſera montré incontinent, dans le pretendu Acte ou Lettre du 15. Septembre 1682. qu'ils ont mendié de quelques particuliers, dans laquelle ils ont inſeré le nom de cette Helie Grangier.

Fauſſeté & nullité de la Lettre rap-portée par les Directeurs.

Et c'eſt ici maintenant qu'il faut découvrir la nullité, la difformité & la fauſſeté de cette pretenduë Lettre; mais auparavant que de le faire, il eſt a propos de re-fléchir ſur la maniere avec laquelle les Sieurs Directeurs ont pretendu combattre les Certificats du Sieur Marcara, quand ils ont dit que les Perſans n'eſtoient pas gens ſcrupuleux, comme ſi la verité & le menſonge leur eſtoient égaux.

Mais on demanderoit volontiers aux Sieurs Directeurs quelle preuve ils ont de la pretenduë perfidie de la nation Perſane ? ou pluſtoſt quelles preuves n'ont-ils pas de ſa fidelité ? veu qu'ils negocient avec les Perſans, & pourquoy dans un different tout particulier deshonorer tout un peuple ? Il faut là deſſus qu'ils reconnoiſſent leur legereté & leur habitude naturelle à dire & faire du mal, ce qui n'eſt pas une mediocre preſomption contre leur Lettre du 15. Septembre 1682.

Nullitez.

Pour ſa nullité & difformité, elles ſont évidentes, & l'on peut dire qu'il n'y eût jamais d'Acte plus imparfait que celuy là, & qu'il eſt honteux aux Sieurs Directeurs de ſe ſervir d'une piece de cette nature, ſi deſtituée des formalitez eſſentielles, ſans leſquelles il eſt impoſſible d'établir la verité & la creance dans les eſprits des hom-mes & particulierement des Juges.

1°. Elle n'eſt point faite par des perſonnes publiques, ny qui ayent aucune au-torité legitime, au lieu que les Certificats du Sieur Marcara ont eſté non ſeulement paſſez les uns par des Notaires publics des principales Villes du monde, & les autres par des perſonnes d'un caractere diſtingué, mais encore ils ont eſté legaliſez en bonne forme.

2°. Le pretendu Acte des Sieurs Directeurs n'eſt qu'une Lettre Miſſive, qui ne pourroit tout au plus faire foy qu'entr'eux, & ce particulier qui l'a écrite & duquel ils l'ont exigée, encore faudroit-il que la ſignature & l'écriture en euſſent eſté publi-quement reconnuës, ce qui n'a pas eſté fait.

3°. Elle n'a pas même eſté écrite ny atteſtée par des Perſans qui puſſent connoiſtre la Naiſſance & l'Extraction du Sieur Marcara, en ſorte que les Sieurs Directeurs, qui ſe ſont plaints mal à propos de ce que ces Certificats du Sieur Marcara n'avoient pas eſté paſſez par des Perſans, quoyqu'ils le fuſſent en forme authentique, ne peu-vent pas éviter le blâme d'avoir produit une Miſſive informe, dans laquelle il n'y a point de Perſans qui ayent parlé.

4°. Outre ces deffauts de formalitez, qui font voir la nullité de cette Miſſive, & l'impoſſibilité qu'il y a de la faire paſſer pour un Certificat authentique, il y a encore une nullité intrinſeque par la qualité de ceux dont les noms s'y trouvent écrits.

Reproches remarqua-bles contre l'Eſcrivain de cette Let-tre.

Celuy qui l'a écrite eſt un nommé François de l'Eſtoille, qui ſe declare ouverte-ment engagé au ſervice des Sieurs Directeurs, ainſi c'eſt un homme auquel on ne peut pas ajoûter foy, puiſque ce ſont eux même qui parlent par ſa bouche, & l'on voit auſſi dans le texte de cette Miſſive que c'eſt ce François de l'Eſtoille qui a mendié pour les Sieurs Directeurs les differentes ſignatures de ceux qui y ſont nommez auſſi bien que la pretenduë atteſtation du Sieur Evêque de Ceſaropolis ; qui agiſſant plus ſincerement que luy n'a pas voulu certifier qu'il eût vû ſigner tous ces particuliers, mais il s'eſt contenté de dire qu'il en avoit vû ſigner quelques-uns, ſans les déſigner, & qu'à l'égard des autres, on luy avoit dit ( ſans dire qui ) qu'ils avoient ſigné chacun

cun dans leurs maison, c'est à dire que François de l'Estoille estoit l'ouvrier de toutes les signatures, & que sur sa declaration le Sieur Evêque de Cesaropolis avoit donné son attestation, qui par ses circonstances prouve assez que luy même n'avoit pas beaucoup de croyance à ce que contenoit la Missive de question, puisqu'il ne parle pas de son chef, mais sur le rapport d'autruy.

5°. Il faut remarquer la datte de la pretenduë attestation de cét Evêque, qui est du 15. Septembre 1681. dans laquelle on suppose que les signatures entr'autre du Pere Raphaël du Mans & d'Helie Grangier sont inserées, & cependant deux mois aprés ils ont signé tout le contraire de ce qui est contenu dans cette Missive, comme il paroist par le Certificat du 19. Novembre 1682. ce qui prouve que leurs noms plustost que leurs veritables signatures ont esté inscrits dans cette Missive, dans laquelle les formalitez essentielles n'ayant point esté gardées, on doit bien plustost croire le Certificat du 19. Novembre 1682. qui est solemnel, que cette Lettre qui ne l'est pas.

6°. Le Sieur Evêque de Cesaropolis estoit proprement incompetant pour recevoir les pretenduës declarations contenuës dans la Missive de question, parce qu'il n'estoit qu'Ambassadeur de Sa Majesté auprés du Roy de Perse, & ne pouvoit pas consequemment parler de la Genealogie & de la Noblesse du Sieur Marcara avec autant de certitude qu'ont fait le Sieur Archevêque de Julpha, son Coadjuteur & les autres Ecclesiastiques, qui ont les Archives de la Noblesse Armenienne, & qui ont esté suivis par 41. Laics de condition, dont les Sceaux & les signatures sont bien imprimez dans le Certificat du 19. Novembre 1682. duquel les termes sont significatifs & sans incertitude.

7°. Comment est-ce que ceux qui sont nommez en tres-petit nombre dans la Lettre Missive de question auroient pû rendre raison de la Genealogie & de la Naissance du Sieur Marcara, puisque non seulement ils ne sont pas Persans, mais encore ils n'ont jamais vû le Sieur Marcara qui est sorti de Perse il y a plus de 35. ans, & ces attestans ne se sont habituez en Perse que long temps aprés, sçavoir les plus anciens depuis 29. ans & les autres depuis 19. ans & 16. ans & même un moindre temps, comment donc ont-ils pû attester des choses qu'ils n'ont jamais connu ny pû connoistre?

8°. Si on considere le grand nombre de ceux qui ont solemnellement certifié la Genealogie & la Noblesse du Sr Marcara & qui sont tous Persans fameux, au respect du petit nombre de ceux qui ont esté mendiez par François de l'Estoille & qui ne sont point Persans, on verra que le Sieur Marcara à pour soy prés de cent personnes tous gens capables de parler des faits dont il s'agit, comme estans tous Persans, conformes aux sentimens du Clergé & que de l'Etoille n'en a attrouppé que sept ou huit tous incapables de déposer de ces sortes de faits.

C'est pourquoy du moment qu'on voudra comparer les Certificats du Sieur Marcara avec la pretenduë Lettre Missive du 15. Septembre 1682. il n'y a personne qui ne donne la victoire à ses Certificats en méprisant absolument la Lettre de l'Estoille.

Mais si on passe à la fausseté de cette Lettre ( ce qui est surabondant aprés les *Fausseté de* nullitez cy-dessus observées, qui sont victorieuses ) on connoistra que toutes les énon- *la Lettre.* ciations en sont contraires à la verité.

1°. Il y est parlé du pere du Sieur Marcara comme d'un Couratier & d'un miserable, cependant on n'en rapporte point d'exemple, & ce n'est que par l'effort d'une imagination prevenuë que cette énonciation a esté faite à l'instigation des Sieurs Directeurs & par un de leurs gens.

2°. De l'Estoille a dit qu'il n'avoit eu que trois enfans, quoyqu'ils soient sept encore tous vivans, & le Sieur Marcara peut dire qu'il est le seul malheureux, parce que ses freres ont une fortune & une reputation considerable dans les Indes & dans les païs Orientaux, tandis qu'il gemit sous l'oppression des Sieurs Directeurs.

3°. Le surplus de la Lettre de l'Estoille ne comprend qu'une histoire ou pour mieux dire une fable de tout ce qui s'est passé à Massulipatan à l'égard du Sieur Marcara, & le stile avec lequel il en parle marque trop la prevention de celuy qui a écrit pour ne pas connoistre que ce sont les Sieurs Directeurs qui ont eux-mêmes fabriqué cette Lettre.

Il est donc certain qu'on ne peut pas asseoir la moindre croyance, ny même le *Conclusion* moindre ombre de probabilité sur cette Lettre nulle, informe & fausse de François *sur les faus-* de l'Estoille, & qu'au contraire on ne peut pas refuser toute la confiance possible aux *setez & nul-* Certificats du Sieur Marcara, tant à cause de leurs formes, qu'à cause des veritez *litez de la-*

*dite Lettre.* qui y ſont prouvées, & c'eſt auſſi ſur cela que les Arreſts du Grand Conſeil des 30. Mars 1680. & 10. Decembre 1681. ſont intervenus, par leſquels la nobleſſe du Sieur Marcara a eſté maintenuë, encore que dans le procez criminel qui a eſté jugé par le premier de ces Arreſts les Sieurs Directeurs ſe ſoient fort étudiez de luy faire le huitiéme Chef de leurs accuſations ſur ſa Nobleſſe, * auquel il répondit ſi bien en ce temps-là, qu'il convainquit de fauſſeté & de menſonge les pretendus témoins qui avoient eſté ſoufflez par les Sieurs Directeurs.

* Voir l'Extrait de Monſ. le Procureur General au Grand Conſeil, produit en l'Inſtance au 6. ſac cotte **F**. & les art. 47. 48. & 49. des Interrogatoires du Sieur Macara au Grand Conſeil, & les art. 5. 6. 7. 8. & 9. des Interrogatoires de ſon fils, joints à l'Inſtance.

*Juſtification de Marcara ſur la Sentence de Florence du 10. Juillet 1663.*

Aprés avoir montré ſurabondamment que le Sieur Marcara eſt veritablement Gentil homme Perſan, il faut venir au ſecond point, qui eſt qu'il n'eſt point proſcrit, comme les Sieurs Directeurs l'ont calomnieuſement avancé ſous pretexte de la Sentence de Florence du 10. Juillet 1663.

Il y a déja tant d'années que les Sieurs Directeurs ne font que recommencer les mêmes injures, qu'ils en devroient eſtre rebutez, ſingulierement aprés l'Arreſt du 30. Mars 1680. puiſque dans le procez criminel ſur lequel cét Arreſt a eſté rendu, ils ont pris pretexte de cette Sentence du 10. Juillet 1663. pour en faire un chef d'accuſation * au Sieur Marcara qui en a eſté abſous, & l'on ſçait que ſi les Juges du Grand Conſeil euſſent connu que le Sieur Marcara eût eſté coûpable & valablement condamné, ils ne l'euſſent pas déclaré innocent, comme ils ont fait; mais ils eſtoient perſuadez non ſeulement de ſon innocence, mais encore de la mauvaiſe foy des Sieurs Directeurs, qui n'euſſent jamais rien ſçeu de cette Sentence, ſi le Sieur Marcara luy-même ne la leur eut miſe entre les mains lorſqu'il traitta avec eux en l'année 1666. en ſorte qu'on peut dire que tant au Grand Conſeil, que dans leur nouveau libelle, ils ont abuſé de la confidence que le Sieur Marcara leur a faite de cette Sentence.

* La Sentence de Florence eſt inſerée dans le vû de l'Arreſt du Grand Conſeil du 4. Fevrier 1679. qui a ordonné recollement & confrontation, la copie ſignifiée en eſt produite en l'Inſtance au 6. ſac cotte **A**.

Voir auſſi l'article 46. des Interrogatoires du Sieur Marcara au Grand Conſeil, joint à l'Inſtance.

Cela ſuffiroit pour ne laiſſer aucun ſoupçon ſur cette matiére, ſi ce n'eſtoit que le Sieur Marcara, qui veut toûjours combler les Sieurs Directeurs de raiſonnemens demonſtratifs & qui ne pretend point s'échapper ſimplement par des fins de non recevoir quelques peremptoires qu'elles ſoient, eſt bien aiſe d'éclaircir tout le monde de la qualité de la Sentence que les Sieurs Directeurs luy ont tant reprochée.

*Obſervation*

Il faut d'abord obſerver qu'elle n'eſt pas contradictoire ( comme ils le diſent ) mais par contumace, & de plus par une contumace tres-mal inſtruite & encore plus injuſtement prononcée, en voicy le fait en peu de mots.

*Hiſtoire du fait de cette Sentence.*

Le Sieur Marcara aprés avoir fait pluſieurs voyages aux Indes & en Europe, s'arreſta enfin en Italie, où il apporta pour 100000. livres de ſoyes fines qu'il confia au nommé Joſeph Armand Banquier de Ligourne, afin qu'il les envoyaſt à Lion & les fit vendre pour le compte du Sieur Marcara.

Mais ce Banquier ayant violé la foy de ſon dépoſt & de ſa commiſſion, parce qu'il diſpoſa pour ſon compte & ſon proffit particulier des marchandiſes du Sieur Marcara, il fallut en venir en juſtice contre luy à Florence, où ce Banquier dénia le dépoſt & la commiſſion, de maniere qu'il en fallut venir aux preuves.

Aprés deux années de procedures, le Sieur Marcara ayant mis le procez en eſtat d'eſtre jugé, le Banquier voyant ſa condamnation infaillible, inventa le ſtratagéme le plus criminel & le plus deteſtable qu'on puiſſe concevoir, afin de mettre le Sieur Marcara hors d'eſtat d'achever ſes pourſuites & d'obtenir un jugement.

Il ſçavoit que le Sieur Marcara à la maniere des Perſans portoit ordinairement pour ſa deffenſe un poignard, ignorant de quelle conſequence cela pouvoit eſtre à Florence, dont il ne connoiſſoit ny les Loix ny les Coûtumes, par leſquelles on pretend que le port de ces ſortes d'armes eſt deffendu.

Le Banquier prit de là occaſion de le dénoncer à des Archers qui le chercherent & qui l'attaquerent avec tant de fureur, que nonobſtant le droit d'azile inviolable en Italie dans les Maiſons Religieuſes, ils l'arracherent de deſſous la porte d'un Cloître où il s'eſtoit refugié en ſe deffendant pour tâcher de les éviter & le confinerent dans un cachot, où il demeura dix huit mois entiers.

Cette action arriva le 15. Aouſt 1660. & pendant la detention du Sieur Marcara,

quelques uns de ſes amis ſolliciterent le Nonce du Pape qui eſtoit pour lors à Florence, afin d'avoir reparation des violences qui luy avoient eſté faites ; & comme ce
Nonce eſtoit ſur le point de prononcer, la ſacrée Congregation de Rome évoqua à
ſoy le different & s'en reſerva la connoiſſance.

Au commencement de l'année 1662. la même Congregation ordonna que le Sieur
Marcara ſeroit rétably au même lieu d'où il avoit eſté enlevé le 15 Aouſt 1660.

Mais le credit du Banquier s'eſtant trouvé plus puiſſant que tous les Arreſts qui
venoient de Rome, non ſeulement les Officiers du Grand Duc ne voulurent pas y
déferer & y ſatisfaire, mais encore ils firent transferer le Sieur Marcara de ſon cachot
dans un autre endroit, & de cét endroit dans un autre cachot beaucoup plus incom-
mode que le premier.

Dans cette troiſiéme & nouvelle priſon, il trouva huit perſonnes, parmy leſquelles
eſtoit un Gentilhomme Genois qui eſtoit détenu à la ſollicitation de ſon pere qui en
avoit obtenu la permiſſion du Grand Duc de Florence.

Tous ces gens fatiguez des peines de leur captivité concerterent de ſe ſauver,
le Sieur Marcara fut de leur party, & le 16. Mars 1662. ils ſe ſauverent tous à la re-
ſerve du Gentil-homme Genois.

Dés ce moment le Sieur Marcara ſe retira dans un Convent, & reprenant les erremens de ſon affaire commencée contre ſon Banquier, il découvrit par la voye des
Monitoires des pieces convainquantes contre luy, en ſorte que l'affaire eſtoit en termes d'eſtre bien-toſt decidée: mais ce Banquier eſtant decedé ſubitement, le Sieur
Marcara ( au lieu d'une ſeule partie ) en trouva pluſieurs dans les perſonnes des pretendus creanciers de ce Banquier, qui firent ſceller chez leur pretendu debiteur, &
qui voyans bien que ſi la pretention du Sieur Marcara réuſſiſſoit, comme il eſtoit
juſte, ils ne pourroient avoir ſatisfaction ſur les effets du Banquier, ſuivirent avec tant
d'impetuoſité & d'irregularité la perſecution que ce Banquier avoit introduite contre
le Sieur Marcara, que nonobſtant tous les Arreſts de Rome, ils firent rendre par
contumace * le Jugement du 10. Juillet 1663. par les Juges de Florence, qui pronon-
cerent ce qu'ils voulurent ſelon la paſſion de ceux qui les inſpiroient.

* La preuve
de la contu-
mace eſt par
l'Arreſt du Grand Conſeil du 4. Fevrier 1679. qui ordonne recollement & confrontation, produit au 6. ſac cotte A,
dans le vû duquel ſont enoncez des Certificats & Atteſtations produits par les Sieurs Directeurs mêmes, que la
ſortie du Sieur Marcara des priſons de Florence a eſté le 16. Mars 1662.

Mais ces foudres envenimez ſont évanoüis & diſſipez, & n'ont donné aucune
atteinte ny à la perſonne ny à l'honneur du Sieur Marcara, puiſqu'il n'en a ſouffert
aucune pourſuite, & ce qui merite d'eſtre obſervé, c'eſt que la nullité & l'injuſtice
de cette Sentence du 10. Juillet 1663. eſtans viſibles, le Sieur Marcara en a tiré de la
gloire, *ſalutem ex inimicis*, parce que cela luy a procuré l'honneur de la protection
de Monſieur le Cardinal Urſin, qui luy a perſuadé de venir en France implorer
la Mediation de Sa Majeſté auprés du Grand Duc de Florence, pour avoir raiſon
des Creanciers de ſon Banquier, & tâcher de recouvrer ſes effets.

Il faut donc effacer de tous les Ecrits des Sieurs Directeurs, la Proſcription & les
indignitez, dont ils ont voulu noircir le Sieur Marcara, ſous l'ombre du Jugement
de Florence du 10. Juillet 1663. ce qui fait une conſequence neceſſaire à ſon avantage,
pour marquer qu'il n'eſt pas venu en France comme un fugitif, ny un homme errant,
mais qu'il y a eſté receu & conſideré par la Compagnie, comme un homme intelligent, & neceſſaire dans les Indes pour ſon ſervice & ſon utilité.

*Arrivée de Marcara en France.*

Les preuves en ſont trop memorables pour les obmettre.

Il fut preſenté d'abord à Sa Majeſté en l'année 1665. par Monſieur l'Evêque de
Babilone, & Sa Majeſté qui eſtoit bien informée de toutes ſes avantures, le renvoya
à Monſieur Colbert Miniſtre d'Etat, qui avec ſon application ordinaire l'examina
pendant quinze jours, & ſe trouvant ſatisfait de luy tant pour ſes mœurs que pour
ſon genie, il le remit entre les mains de la Compagnie, qui pendant un an entier
eût de longues & frequentes conferences avec luy, dans leſquelles il s'expliqua ſans
déguiſement de tout ce qui s'eſtoit paſſé à Florence, tant à l'égard des ſoyes fines
qu'il avoit confiées à Joſeph Armand Banquier de Ligourne, qu'à l'égard du procez
criminel que ce Banquier luy avoit ſuſcité, fit même voir aux Sieurs Directeurs de
la Compagnie qu'il avoit en dépoſt pour plus de 10000. liv. de marchandiſes entre
les mains d'un Perſan appellé Stephano Diegum, & leur remit en plein Bureau la
Sentence de Florence du 10. Juillet 1663. les Arreſts de la ſacrée Congregation de

*Et ſa rece-
ption dans
la Compa-
gnie ſous la
protection de
Sa Majeſté,
& de Monſ.
Colbert.*

8

*Cette Procuration est produite au 6. fac, cotte A Affemblée generale de la Compag. le 13. Nov. 1666. pour cette recept. Embarquem de Marcara à S. Malo le 23. Dec. 1666 * Cet Interrogatoire eft produit en l'Inftance, au 4. fac, cotte A. Reflexion.

Rome, avec toutes les pieces juftificatives de fes créances, & paffa par leur ordre une Procuration * fort ample au Sieur Ardancour leur Secretaire, le 4. Novembre 1666. pardevant le Foüin & fon Compagnon Notaires au Châtelet de Paris , pour pourfuivre le recouvrement de fes effets & fes autres affaires d'Italie.

Et le 13. du même mois de Novembre 1666. il y eut une Affemblée Generale de tous les membres de la Compagnie, dans laquelle il fut fait un refultat *una voce*, qui porte le choix de la perfonne du Sieur Marcara pour fe tranfporter à Madagafcar, autrement appellé l'Ifle Dauphine, où fa qualité & fes appointemens feroient reglez pour travailler aux affaires de la Compagnie, & cependant il fut convenu que fes appointemens courreroient du jour de fon embarquement, qui fut fait en France au Port de S. Malo , le 23. Decembre 1666. fur le Vaiffeau la Couronne.

Les Regiftres de la Compagnie & l'interrogatoire * prefté le 25. Novembre 1676. par Monfieur le Prefident de Thou, l'un des Directeurs , pardevant Monfieur Turgot de Saint Clair Maiftre des Requeftes , portent les témoignages irreprochables de toutes ces veritez.

Le Sieur Marcara n'eftoit donc pas un profcrit ny un fugitif, puifque les Sieurs Directeurs, aufquels il découvrit toutes fes affaires fans aucune diffimulation & avec tant d'ingenuité , l'ont reconnu pour homme d'honneur & tres-util pour l'agrandiffement de la Compagnie.

Aprés cela n'eft-il pas permis de reprocher aux Sieurs Directeurs leur inconftance & leur inégalité? & ne meritent ils pas bien qu'on leur dife, *cur improbant mores quos ipfi probaverunt?* Quand ils ont eu befoin des fervices du Sieur Marcara , ils le regardoient comme un Gentil-homme & comme un honnefte homme ; maintenant qu'il faut luy payer ce qu'ils luy doivent & luy rendre ce qu'ils luy retiennent , ils voudroient, s'ils pouvoient, le faire paffer pour un homme de neant & un mal honnefte homme , malgré les Arrefts du Grand Confeil des 30. Mars 1680. & 20. Decembre 1681. qui ont maintenu fa Nobleffe & fon innocence.

Les fauffes couleurs avec lefquelles les Sieurs Directeurs avoient fait fon portrait eftant effacées , & fes veritables qualitez, de même que fa reputation eftans bien eftablies, il faut à prefent entrer en matiere, & inftruire le public avec beaucoup de fincerité, & même de fimplicité de tout ce qui forme naturellement l'eftat des conteftations qui font à juger, à la difference de ce qu'en ont avancé les Sieurs Directeurs dans leur libelle, & cela ne fe peut mieux faire que :

*Methode pour inftruire le public de l'état des conteftations en trois parties.*

Premierement, en éclairciffant les faits d'où elles font forties, c'eft-à-dire la conduite du Sieur Marcara & celle des Sieurs Directeurs & de leurs agens en fon endroit.

En fecond lieu, en expofant les demandes du Sieur Marcara.

Et en troifiéme lieu, en rapportant celles des Sieurs Directeurs avec leurs objections & les réponfes que le Sieur Marcara y a fournies dans le cours du procez.

Par cette diftribution methodique il fera facile d'eftre perfuadé qu'il y a autant d'inhumanité & d'injuftice de la part des Sieurs Directeurs, qu'il y a de douceur & de juftice de celle du Sieur Marcara.

## PREMIERE PARTIE.

### Conduite du Sieur Marcara.

*Narration.*

LOrs que le Sieur Marcara euft efté choifi le 13. Novembre 1666. par le refultat de la Compagnie pour aller aux Indes, comme il vient d'eftre dit, il s'embarqua à faint Malo le 23. Decembre 1666. & aprés une navigation tres penible , il arriva à Madagafcar le 23 Aouft 1667, & le 14 Octobre de la même année fes conditions y furent reglées de la maniere fuivante.

*Conditions du Traité fait avec le Sr Marcara le 14. Octob. 1667.*

1°. Il fut convenu que la Compagnie luy donneroit une Commiffion de Confeiller au Confeil Souverain du Commerce eftabli en l'Ifle Dauphine, & en tous les autres lieux où ce Commerce pourroit eftre eftabli, pour y avoir féance & voix deliberative, avec ordre à tous ceux qui fe trouveroient dans les lieux de fon employ de le reconnoître pour tel & de luy porter honneur en cette qualité.

2°. Que le Sieur Marcara travailleroit pendant cinq années dans les Indes du jour qu'on arriveroit à Surate.

3°. Qu'il auroit la qualité de Directeur de tous les Comptoirs des Indes Orientales & de Perfe.

4*

4°. Que pour ses gages & appointemens, ils seroient fixez à 600 liv. par mois, qui luy seroient payez de six mois en six mois, & qui commenceroient du premier Octobre 1667. & finiroient au jour de son débarquement en France, lors qu'il feroit son retour.

5°. Qu'il seroit nourry avec ses domestiques aux dépens de la Compagnie.

6°. Qu'il ne pourroit estre garand des mauvaises dettes, mauvaises rencontres, vols, incendies & autres cas fortuits.

7°. Qu'en cas qu'il fût pris & arresté par les Corsaires de toutes Nations, pendant qu'il seroit au service de la Compagnie, elle luy promettoit de le racheter le plus diligemment que faire se pourroit, & que pendant sa detention, les appointemens cy-dessus ne laisseroient de courir, & d'estre payez comme s'il servoit actuellement.

Ceux qui arresterent ces articles * avec le sieur Marcara, furent les sieurs de Faye & Caron, Directeurs generaux, qui en avoient l'ordre de la Compagnie.

Le lendemain le sieur Marcara partit de l'Isle Dauphine avec le sieur Caron & autres Officiers de la Compagnie, pour aller establir un Comptoir à Surate.

Comme ils furent à la hauteur des Isles de Maldives, le sieur Caron qui avoit témoigné beaucoup de familiarité au sieur Marcara, luy fit la proposition de faire leur compte particulier au prejudice des interests de la Compagnie, à quoy le sieur Marcara resista en luy répondant qu'il ne trahiroit jamais son honneur, sa conscience & les interests de la Compagnie.

* Le traité est produit en l'Instance au 3. sac cotte G

*Voyage du Sr Marcara à Surate pour la Compagnie.*

Dés ce moment les grandes demonstrations d'amitié du sieur Caron se tournerent en haine & en jalousie contre le sieur Marcara, parce qu'il trouvoit en luy un homme plus sincere, plus ferme & plus intelligent que luy ; c'est pourquoy il ne s'appliqua dés-lors qu'à le persecuter & à le rendre suspect.

Les premieres marques de son animosité parurent le 20 Janvier 1668. à la Rade de Cochin, à l'occasion du nommé Ramboft, simple Marchand & inferieur au sieur Marcara ; Ce Ramboft eut l'insolence, par les inspirations du sieur Caron, de luy donner un soufflet en presence des Officiers de la Compagnie Hollandoise, qui étoient venus pour complimenter le sieur Caron, le sieur Marcara s'en plaignit à luy comme au Directeur general, seul capable de luy faire faire raison ; mais bien loin de luy faire la justice qui luy estoit dûe, il encherit par dessus l'injure que Ramboft luy avoit faite, & sans distinguer l'innocent d'avec le coupable, il condamna le sieur Marcara & Ramboft chacun en 300 liv. d'amende, comme s'ils eussent esté égaux en emplois & en crimes.

*Marques de la haine de Caron contre Marcara.*

Le sieur Caron poussant encore plus loin son injustice, s'avisa lors qu'il fut arrivé à Surate, d'accuser le sieur Marcara, & de se rendre luy-même le Juge de ses accusations, dont les chefs estoient.

1°. D'avoir fait des cabales & plusieurs assemblées chez un Persan, pretendu parent du sieur Marcara, & d'y avoir revelé les secrets du Conseil.

2°. D'avoir vendu deux Bariques d'argent & des Draps d'Hollande, & d'en avoir détourné partie des deniers à son profit.

3°. D'avoir introduit un Persan auprés du sieur Caron pour découvrir ses sentimens.

4°. De n'avoir eu d'autre soin que de ménager ses interests particuliers, au desavantage de ceux de la Compagnie.

*Fausses accusations contre Marcara.*

Enfin de quantité de bagatelles, dont la seule exposition seroit si ridicule, qu'il n'est pas besoin de la faire pour épargner quelque honte à ceux qui en ont esté les auteurs, aussibien ne servent elles de rien au sujet qu'il s'agit de traiter : & cependant de ces bagatelles on en faisoit des grands crimes au sieur Marcara.

Le sieur Caron, qui s'en estoit fait le Juge, prit pour Assesseurs & Juges avec luy dans cette affaire, le nommé Bebert & ce même Ramboft, qu'il venoit de condamner avec le sieur Marcara en une amende de 300 liv. Le petit nombre & la qualité de ces sortes de Juges, ennemis du sieur Marcara, font voir leur incompetence, cependant ils rendirent un Jugement le 14 Avril 1668. * portant interdiction contre le sieur Marcara & plusieurs autres, jusqu'à ce que par le Conseil Souverain de l'Isle Dauphine en ayt esté autrement ordonné.

* Voir la Sentence de Caron du 14. Avril 1668. produite par les

Sieurs Directeurs pardevant Monsieur Turgot de S. Clair, au 2. sac, cotte F. & 4. sac, cotte B. joint à l'Instance.

En vertu de ce jugement il fit mettre le sieur Marcara prisonnier avec les fers aux pieds * & le renvoya de même que les autres condamnez dans l'Isle Dauphine, aprés

* Voir une

C

 avoir fait enlever par Bebert & Ramboſt tous les effets & papiers du ſieur Marcara,
Directeurs le 20. Octobre 1668. par ledit Caron, produite par leſd. Sieurs Directeurs pardevant Monſieur Turgot de
S. Clair, au 4. ſac, 6. piece, joint à l'Inſtance, par laquelle il leur mande à la page 7. qu'il avoit envoyé le Sr
Marcara à l'Iſle Dauphine, & qu'il luy avoit fait mettre les fers aux pieds.

Cette entreprise du ſieur Caron avoit eſté faite & concluë ſi ſecrettement, que le ſieur Marcara & les autres emprisonnez avec luy ne ſçavoient point la cauſe des mauvais traitemens qu'on leur faiſoit ſouffrir ; ils n'en purent rien apprendre que quand ils furent arrivez à l'Iſle Dauphine, où leur injuſte condamnation ſe découvrit, & ce qui eſt ſurprenant, c'eſt que le Conſeil Souverain ayant eſté aſſemblé pluſieurs fois extraordinairement * ſur cette affaire, & n'ayant point vû d'autres pieces que celles que le ſieur Caron avoit fabriquées pour perdre le ſieur Marcara, auquel il n'avoit pas donné la liberté de ſe deffendre, il rendit un Arreſt le 7 Juillet 1668. a ſur les Concluſions de Monſieur de l'Epinay ; Procureur General eſtabli dans ce Conſeil, par lequel la Sentence du ſieur Caron ne fut pas ſimplement caſſée, mais encore elle fut déclarée *nulle, injurieuſe, tortionnaire & déraiſonnable*, & en conſequence le ſieur Marcara & les autres interdits par cette Sentence furent rétablis dans leurs charges, emplois, honneurs, privileges & appointemens.

*Voir l'Extr. du Journal de M. de l'Eſpinay Procur. General en ladite Cour, produit au Procez crim. 1. ſac, joint à l'Inſtance.

*a* Cet Arreſt eſt produit par les Sieurs Directeurs pardevant Monſieur Turgot de Saint Clair, au 4. ſac, cotte C. joint à l'Inſtance.

*Arreſts du Conſeil Souverain de l'Iſle Dauphine, qui ont abſous Marcara en 1668.*

Le ſieur Marcara en ſon particulier obtint encore deux Arreſts du même Conſeil Souverain de l'Iſle Dauphine les 20 Juillet & premier Aouſt 1668. par le premier desquels il fut déchargé de la condamnation d'amende contre luy prononcée par le ſieur Caron pour l'affaire de Ramboſt, qui fut jugé ſeul coupable & tenu de payer l'amende de 600 liv. & même condamné à demander pardon au ſieur Marcara ; Et par le dernier Arreſt Ramboſt & Bebert furent condamnez ſolidairement à rendre & reſtituer au ſieur Marcara les hardes & effets qu'ils luy avoient enlevé dans le temps de ſon emprisonnement, ou de luy payer la ſomme de 1834. l. 4 ſ. 3 d. pour leur valeur.

Ces Arreſts firent bien rentrer le ſieur Caron pour quelque temps en luy-même, ou du moins il feignit des radouciſſemens pour le ſieur Marcara, lors qu'il le vit de retour à Surate avec le ſieur de Faye Directeur general, parce qu'il luy fit pour lors de grandes excuſes, & le pria d'oublier le paſſé, & pour ſe remettre entierement dans l'amitié du ſieur Marcara, il le fit choiſir comme un des plus experimentez de la Compagnie pour aller auprés du Roy de Golconde ſolliciter un Firman ou Privilege afin de negocier, & ſur ce choix le ſieur Marcara partit de Surate le 13 May 1669. pour le Royaume de Golconde, enſuite d'une deliberation priſe dans le Conſeil.

*Voyage de Marcara au Royaume de Golconde, pour la Compagnie.*

Les ſoins & les ſollicitations du ſieur Marcara furent ſi heureuſes, qu'il obtint ce Firman ou ces Lettres Patentes qu'il demandoit, avec une franchiſe entiere & une exemption univerſelle de tous droits en faveur des perſonnes & des marchandiſes de la Compagnie Françoiſe, tant pour l'entrée que pour la ſortie ; ce que le Roy de Golconde n'avoit jamais accordé ſi avantageuſement à aucuns étrangers.

Le ſieur Caron qui eſtoit inſtruit de ce ſuccez, & qui vouloit effacer de l'eſprit du ſieur Marcara tous les ſouvenirs des duretez qu'il avoit ſouffert, luy écrivit les 28 Aouſt & 4 Novembre 1669 des lettres * de congratulation & de loüanges ſur ſes negociations, quoiqu'il luy gardaſt toûjours des mouvemens cachez & ne cherchaſt que le temps propre pour les faire éclater.

*Ces Lettres ſont produites au 4. ſac, cotte C. dont voici les termes.

*Nous avons reçû la voſtre de Golconde du 23. du paſſé, par laquelle nous voyons le ſuccez de voſtre voyage, les diligences que vous faites pour avoir audience du Roy, & celles que vous avez faites d'envoyer divers de ces Meſſieurs pour aller faire des achapts, ce que nous approuvons, parce que nous ſommes perſuadez que vous faites les choſes avec connoiſſance & zele pour le ſervice de la Compagnie.*

*Touchant ce que vous nous dites des preſens que vous avez à faire, il faut faire ce qui eſt neceſſaire, & marier l'œconomie avec l'honneſteté neceſſaire pour la reputation de noſtre Nation & de la Compagnie. Nous voyons auſſi l'eſtime que l'on fait de Nous par les bons traitemens que vous avez reçû & les preſens que l'on vous a faits ; vous y correſpondrez honneſtement & conſerverez autant que vous le pourrez, par une bonne conduite & ſage comportement, la bonne opinion que ces Peuples conçoivent de nous.*

*A l'égard de vos autres negociations, nous ne doutons pas que vous ne faſſiez tout ce que vous pourrez pour le bien du ſervice de la Compagnie ; & nous avons l'experience que ſans preſens il ne ſe fait rien en l'Inde.*

Le ſieur Marcara qui vivoit de ſa part avec beaucoup de tranquillité & d'inclination au fervice de la Compagnie, aprés avoir obtenu le Firman du Roy de Golcon-de, partit le 8 Decembre 1669. pour aller à Maffulipatan, où il arriva le 26 du même mois, & travailla incontinent à y établir un Comptoir, en quoy il fucceda avec tant d'honneur & de profit pour la Compagnie, qu'elle commençoit à en recevoir beau-coup de fatisfaction, lors que le fieur Caron ayant repris fes fentimens de jaloufie con-tre le fieur Marcara, dont il apprehendoit l'élevation, luy envoya les nommez Deltor & Malfoffe, qui arriverent le 9 Fevrier 1670. & luy apporterent deux lettres * du fieur Caron dattées d'un même jour deux Novembre 1669. & qui néanmoins font contrai-res l'une à l'autre, parce que dans l'une il confirmoit & loüoit même les adminiftra-tions du fieur Marcara à Maffulipatan, & dans l'autre il luy ordonnoit de s'en retour-ner à Surate; ces contrarietez ne tendoient fans doute qu'à furprendre le fieur Marca-ra, parce qu'il luy eftoit impoffible de fatisfaire à l'une qu'il ne contrevinft à l'autre.

*Ces 2. Let-tres font pro-duites, l'une au 4. fac, cot-te C. & l'au-tre au procez crimin. 1. fac, joint à l'In-ftance.

Néanmoins il fe refolut, aprés avoir donné les ordres neceffaires à Maffulipatan, de retourner à Surate, mais en même temps il apprit que le Gouverneur de S. Thomé s'étoit emparé des marchandifes que le fieur Marcara avoit fait acheter par fon fils pour la Compagnie, en execution d'une deliberation qui avoit efté faite pour cela, & que ce Gouverneur avoit fait affaffiner le nommé Naffumfety Courtier de la Compa-gnie, qui avoit quelque argent entre fes mains, que même fon fils n'avoit évité le même fort que par la fuite. *

*Voir la deli-beration faite produite au

le 7. Avril 1670. par le Sieur Marcara & les Officiers de la Compagnie, qui étoient à Maffulipatan, procez criminel, premier fac, joint à l'Inftance.

Cette nouvelle le fit arrefter à Golconde pour en demander juftice au Roy, qui envoya des Commiffaires fur les lieux pour punir ce Gouverneur, le priver de fon Gouvernement, luy faire mettre les fers aux pieds, & l'obliger à reftituer les marchan-difes qu'il avoit enlevées. Tout cela fut executé * ponctuellement à la referve de 8812 Roupies que le Courtier avoit lors qu'il fut affaffiné, & que le fieur Marcara eut en-core fait reftituer fi on luy eut donné le temps d'en preffer la reftitution.

*Les Lettres de Fourmétin du 27. May 1670. & de Rouffel du 13. Juin 1670. é-crite au Sieur Marcara, pro-duites au pro-cez criminel, 1. fac joint à l'Inftance', prouvent la reftitution defdites mar-chandifes.

Pendant qu'il rendoit ainfi des fervices fi utils à la Compagnie, le fieur Caron, qui en eftoit jaloux, fe mit en tefte de le faire perir, ou tout au moins de luy faire aban-donner fon pofte, & le faire exclure de toutes les affaires de la Compagnie.

Pour parvenir à l'execution de ce pernicieux deffein, il donna une commiffion au fieur Goujon de faire rendre compte au fieur Marcara, & en même temps il donna des inftructions feparées, tant à Goujon qu'au nommé Martin, pour exercer contre la perfonne du fieur Marcara & fur fes biens, les violences & les cruautez les plus inhu-maines qu'on puiffe imaginer, comme il fera montré dans la fuite.

Il faut feulement obferver en cét endroit l'état & les efprits de ces deux perfonna-ges Goujon & Martin, & fçavoir à l'égard de Goujon que luy & le fieur Caron avoient efté ennemis mortels, jufqu'à avoir excité dans Surate une efpece de guerre civile entr'eux, parce que Goujon efperant pouvoir eftre Directeur general à la place de Caron avoit medité de le détruire, & avoit pour cela donné de grandes libertez aux gens deftinez au fervice de la Compagnie, afin de les inviter d'écrire contre la mau-vaife conduite du fieur Caron * & le faire ainfi deftituer.

*Voir une let-tre produite par les Sieurs Direct. parde-vant M. Tur-got de S. Clair au 4. fac 20. piece, joint à l'Inftance que le Sr. Caron leur a écrite le 15. Fev. 1671 dans laquelle il fe plaint du procedé de Goujon.

Mais le fieur Caron ayant eu plus de credit que luy & s'étant fait maintenir dans fon employ, Goujon qui craignoit les retours de fa vengeance fe raccommoda avec luy, & pour rentrer tout à fait dans fes bonnes graces il accepta la commiffion que le fieur Caron luy donna contre le fieur Marcara.

Pour ce qui eft de Martin, il s'étoit fait un intereft particulier de perdre le fieur Marcara, afin d'eftre mis en fa place, comme en effet il y fut établi quelque temps aprés l'execution que luy & Goujon firent des ordres tiranniques du fieur Caron fur la perfonne du fieur Marcara.

*Voir l'in-ftruct. donnée le 5 May 1670 par Caron à

Ainfi il ne faut pas s'étonner fi Caron, Goujon & Martin, qui tendoient tous aux mêmes fins contre le fieur Mercara, & qui difpofoient comme bon leur fembloit des affaires de la Compagnie, vinrent à bout de leurs deffeins.

Les premieres démarches de Goujon fur les ordres du fieur Caron, furent de fe plaindre que les prefens faits à la Cour du Roy de Golconde pour l'obtention du Firman étoient trop mediocres *, mais comme ce Firman eftoit le plus ample qu'on eût pû fouhaiter, le fieur Marcara fit voir que l'affaire eftant confommée, il n'étoit plus befoin de faire d'autres prefens, & qu'il falloit fur cela ménager les fonds de la

Goujon, par Compagnie, puis qu'auffi bien de nouveaux prefens n'euffent de rien fervi pour l'u-
laquelle il lui tilité de la Compagnie.
ordonne de
faire de nouveaux prefens, produite par les Srs Directeurs pardevant Monfieur Turgot de S. Clair, au 2. fac, 2. piece, & 4. fac, cotte O. joints à l'Inftance.

> Quand il eut juftifié fa geftion touchant les prefens, il s'en alla à Maffulipatan avec
> Goujon, où étoient les écritures & les marchandifes de la Compagnie, & pour lors
> il commença par remettre & configner les marchandifes, aprés quoy il rendit un
> compte general de tout ce qu'il avoit fait.

*Compte fait*    Goujon ayant examiné ce compte pendant bien du temps, & n'y ayant rien trouvé
*avec Mar-*   à redire, il fut arrefté, clos & figné entre le fieur Marcara & luy au mois d'Aouft 1670.
*cara au*     Cette franchife du fieur Marcara jointe à fa fidelité, auroit dû luy concilier les
*mois d'Août* bonnes volontez de Goujon & de fes Sectateurs, parce que toutes leurs intentions
*1670.* auroient dû eftre unies pour le bien de la Compagnie, qui faifoit le feul objet des
travaux du fieur Marcara, mais bien loin que ces fortes de gens priffent des fentimens
fi raifonnables, ils en prirent de tout contraires, parce que connoiffans interieurement
leurs imperfections & leurs defordres, les fuccez du fieur Marcara & fes intelligences
dans le Commerce leur firent naître de la jaloufie & de l'averfion contre luy.

*Emprifonne-*    Ces paffions ne pûrent pas long-temps demeurer cachées, & leur fureur parut le 21
*ment violet* Septembre 1670. * lors que le fieur Marcara venant de faire baptifer un petit Neveu
*de Marcara* qu'il avoit, fe vit tout d'un coup violemment arrefté dans la Maifon de la Compa-
*le 21. Sept.* gnie par les nommez Martin, Deltor & autres commis de la Compagnie, qui aprés
*1670. fans* luy avoir mis les fers aux pieds, arreftérent en même temps auffi fon Fils & fon petit
*caufe & fans* Neveu âgé de quatre ans, les enfermerent dans des lieux feparez, & s'emparerent
*autorité.* avec les mêmes violences de tous les effets & papiers qui eftoient dans l'appartement
* Voir le du fieur Marcara.
Journal de
Martin, commencé le 21. Septembre 1670. produit par les Sieurs Directeurs, pardevant Monfieur Turgot de Saint
Clair, au 4. fac, 19. piece, joint à l'Inftance.

> Cét emprifonnement fait ainfi fans raifon, fans autorité legitime & par des gens fans
> caractere, fut fuivi d'autres violences encore plus grandes & plus furprenantes, qui
> furent continuées fans relâche.

*Violences e-*    Le 22 Septembre, qui eftoit le lendemain, les nommez Deltor & Malfoffe avec plu-
*xercées con-* fieurs autres, vinrent dans le lieu où le fieur Marcara eftoit detenu, & le contraigni-
*tre Marcara* rent le piftolet à la gorge de figner deux extraits de comptes qu'ils luy prefenterent, ce
*pour lui fai-* qu'il ne pût & n'ofa refufer, il eut feulement affez de prefence d'efprit pour mettre
*re figner un* au bas de fa fignature par maniere de proteftation, *Sauf erreur.*
*pretendu*     Le 30 du même mois de Septembre 1670. les mêmes gens luy firent encore figner
*compte le 22* un compte conforme à celuy du mois d'Aouft precedent, par lequel ils le firent re-
*Sept. 1670.* connoître debiteur de la fomme de 4522 liv. mais il mit au bas de la fignature, *fans*
*prejudice de toutes mes pretentions.*
    On laiffe à part quantité de circonftances qu'on auroit pû relever fur le fujet de
cet emprifonnement & des inhumanitez inouïes qu'on exerçoit perpetuellement contre ces trois Innocens, le bruit s'en eft affez répandu dans le Royaume par les Factums
que le fieur Marcara a fait diftribuer lors du procez criminel du Grand Confeil, il
fuffit de remarquer en paffant que le Roy de Golconde & les grands Seigneurs de
fa Cour furent fort furpris de cét attentat, parce qu'ils avoient vû un peu auparavant
le fieur Marcara s'appliquer avec tant de zele & d'affection pour l'honneur & utilité
de la Compagnie, qu'ils crurent eftre obligez ( comme fa bonne conduite & fon innocence l'avoient mis en grande eftime auprés d'eux ) de prendre part à fon affliction.
Le Necnomecan ou General d'Armées du Roy de Golconde, le Serfamet ou Intendant de la Province, le Chabandar ou Prevoft des Marchands, Lavaldar ou Lieutenant de Roy de la Province, & plufieurs des principaux Marchands de Maffulipatan
vinrent s'informer du fujet de fa détention, & offrirent de payer à la Compagnie
tout ce qu'il pouvoit devoir, en cas qu'il duft quelque chofe : Goujon fe voyant preffé
par des perfonnes de cette confideration, leur declara hautement que le fieur Marcara n'étoit ny redevable à la Compagnie ny coupable d'aucuns crimes, & que s'il
l'avoit fait emprifonner, ce n'avoit efté qu'enfuite des ordres du fieur Caron.
    Le Gouverneur de la Province envoya auffi fon Coteval ou grand Prevoft pour
s'informer

s'informer de cette affaire, mais au lieu de le bien recevoir comme il le meritoit, Martin par malheur estant yvre, sortit avec plusieurs autres armez de mousquets & de pistolets, & ayans rencontré le Coteval qui arrivoit avec ses domestiques, ils firent une décharge sur eux de plusieurs coups de mousquets, dont ils tuerent quatre des domestiques du Coteval, & aprés ces décharges ils prirent la fuite avec tant de precipitation, qu'ils laisserent hors de la porte de la Maison de la Compagnie le nommé Fourmentin exposé à la fureur du Coteval & de ses domestiques irritez du meurtre de leurs compagnons, & l'un d'eux ayant joint ce Fourmentin & luy ayant donné un coup de cimeterre, Fourmentin de sa part luy tira un coup de pistolet, ainsi l'un & l'autre s'entretuerent & tomberent morts l'un sur l'autre.

Le Gouverneur ayant esté informé de l'entreprise de Martin, envoya quantité de Soldats pour tirer raison de cette action, avec ordre de saccager la Maison de la Compagnie.

Le sieur Marcara ayant esté averty dans sa prison de ce qui se passoit, demanda à Goujon & à Martin la liberté d'agir & qu'il feroit cesser le desordre; Goujon y ayant condescendu, le sieur Marcara écrivit au Gouverneur pour le supplier de faire retirer ses gens, & luy demanda excuse du peu de jugement de Martin & de ses complices, dont le vin avoit troublé la cervelle, & luy remontra qu'il ne seroit pas juste que la Compagnie souffrit quelque dommage par la temerité d'un simple particulier qu'elle n'autorisoit pas dans une telle action; & comme ce Gouverneur n'avoit fait tous ces mouvemens que pour favoriser le sieur Marcara & prendre son party, le sieur Marcara l'asseura que sa cause estant bonne il n'avoit pas besoin de protection à Massulipatan, parce qu'il estoit asseuré qu'on luy feroit justice quand il seroit en France.

*Generosité de Marcara qui, quoy que prisonnier, sauva ses ennemis de la fureur des Officiers du Roy de Golconde, qui vouloïet les accabler pour sauver Marcara.*

A la veuë de la lettre du sieur Marcara le Gouverneur fit retirer ses gens & se déporta entierement de cette affaire, en sorte que le sieur Marcara captif délivra ses ennemis du peril où la temerité de Goujon & Martin les avoit mis; Martin luy-même tout ennemy qu'il estoit du sieur Marcara n'a pas pû s'empêcher parmi toutes les faussetez qu'il a écrites contre luy dans son Journal * commencé le 11 Septembre 1670 (dans lequel il a rapporté, quoy qu'avec tres-peu de fidelité, tout ce que le sieur Marcara vient de dire sur le sujet de son emprisonnement,) de rendre témoignage de l'obligation que luy & ses complices luy avoient de les avoir tiré du danger où ils étoient sans son credit.

** Journal de Martin, cy-dessus cotté, produit par les Srs Direct. pardevant M. Turgot de S.[t] Marcara a en ces termes*

Clair, au 4. sac, 19. piece, joint à l'Instance; la copie collationnée de ce Journal, sur laquelle le Sr Marcara a cité les endroits dont il se sert, est aussi produite en l'Instance, au 3. sac, cotte H. fol. 6. rect. dit en ces termes en parlant du Sr Marcara : *Il a fait son possible pour nous délivrer d'embarras.* Fol. 6. vers. *Il envoya prier le Gouverneur de ne se plus mesler de ses affaires.*

Il y a une circonstance singuliere à remarquer icy, qui est que le 28 Septembre 1670. Goujon qui avoit continuellement devant les yeux le funeste objet des violences qu'il avoit commises & fait commettre contre le sieur Marcara & contre son Fils & son Neveu âgé de quatre ans, en mourut subitement de depit; ce qui fait connoître la justice du Ciel, qui dés ce temps-là mit sous sa protection ces infortunez innocens, & c'est un grand exemple pour chacun des sieurs Directeurs, qui devroient y faire quelques reflexions, lors qu'ils achevent de persecuter le sieur Marcara sur les erremens de Goujon.

*Narration des persecut. exercées contre Marcara par l'ordre des Direct.*

Le 16. Octobre ensuivant, ceux qui étoient restez aprés Goujon pour achever l'execution des ordres de Caron, songerent à récompenser d'une maniere extraordinaire le Sieur Marcara leur Liberateur, ils le dépoüillerent nud en chemise, le lierent & le garotterent, & luy tenant le pistolet bandé derriere la teste * en le frappant & tirant par les cheveux, ils le traînerent en cet équipage pendant la nuit, jusqu'au port de Massulipatan, & le jetterent avec son fils & son petit neveu dans le fond d'un cachot a du vaisseau la Couronne, sous la conduite du nommé Lambety qui en étoit Capitaine, pour les mener à Surate.

** Même Journal de Martin dit, fol. 11. vers. qu'il a esté lié les bras derriere le dos, de peur dit au Capitaine sur le pont,*

d'aucune resistance, & le menaçant de mourir.      a Même Journal ajoûte, fol. 12. vers. J'ay dit au Capitaine Lambery de resserrer Marcara dans sa petite chambre, & qu'on ne le souffrist point promener sur le pont, ni parler, ni écrire.

Le 10. Janvier 1671. ils arriverent à Surate; Caron qui y faisoit sa residence, se donna le malheureux plaifir de fatisfaire fes yeux de la veüe de fes innocens Efclaves, & pour les mieux confiderer il les fit attacher enfemble à une barre de fer chargez de chaînes, * & deffendit de leur donner d'autres alimens que du bifcuit & de l'eau, & comme leurs chemifes qu'ils avoient pour tout habillement eftoient entierement pourries, ils leur fit donner pour eux trois deux petits draps de toile à demie ufée pour les couvrir, ce font là tous les habits qu'ils ont eu pendant leur longues & dure captivité; & par une cruauté fans exemple afin de les faire perir, Caron s'avifa de leur deffendre de leur donner à manger & à boire, c'eftoit le veritable fecret, il y auroit infailliblement réuffi : mais par un retour qu'il faut attribuer à la Providence feule, & non pas à un changement de naturel de Caron, après les avoir laiffé 36. heures fans leur fournir de nourriture, il leur fit donner leur fubfiftance ordinaire de bifcuit & d'eau, ce qui les tira de la mort qui leur eftoit prochaine fans cela.

Le premier Avril 1671. le Sieur Caron monta le vaiffeau où eftoient ces Captifs, & partit de Surate pour Bantam. On ne dira rien des nouvelles cruautez qu'il leur fit fouffrir pendant la route, on remarquera feulement qu'il fit retirer le Sieur Marcara fils, lors âgé de dix-huit ans du cachot où il eftoit & le fit expofer tout nud fur le pont pour le forcer à travailler comme un matelot, luy faifant apprendre à grands coups de cordes la manœuvre du Vaiffeau qu'il n'entendoit pas, & pour laquelle il n'eftoit pas raifonnablement deftiné.

Le 7. Juillet 1671. le Vaiffeau arriva à Bantam, & comme le Soleil en ce païs-là eft au fixiéme degré & par confequent fort chaud, Caron s'avifa d'une nouvelle invention pour tourmenter ces Captifs, il les fit expofer tous nuds à l'ardeur du Soleil pendant le jour, & au ferain pendant la nuit. Quoyque ce nouveau tourment avec la faim & la foif les eût entierement affoiblis, neanmoins ils y refifterent, & Caron ne réuffit pas dans le deffein qu'il avoit de les faire perir.

Le premier Novembre 1671. il les fit remettre dans leur cachot pour les remener à Surate, où ils arriverent le 13. Février 1672.

De Surate ils furent derechef remenez à Bantam, ils y arriverent au mois de May 1672.

Le 20. Octobre fuivant le Vaiffeau partit de Bantam pour venir en France.

Enfin les Sieurs Marcara ayant efté promenez pendant trente-deux mois par toutes les mers des Indes dans des miferes inconcevables & fans relafche, le Vaiffeau qui les portoit dans fes cachots les amena au Port Loüis le 26. May 1673.

Le 7. Juin fuivant le Sieur Rouland Agent de la Compagnie, par ordre des Sieurs Directeurs les fit defcendre, leur ofta les fers & les fit conduire tous nuds & moribonds dans les prifons de la Citadelle de Port Loüis; & comme les fers qu'ils avoient porté pendant trente deux mois eftoient d'une pefanteur extraordinaire, & qu'ayant toûjours efté affis & attachez enfemble à une même barre de fer, ils ne pouvoient pas fe remuer fans fe bleffer l'un l'autre, ces fers leur ayant fait de grandes playes le Sieur Roullaud fit venir le Sieur Fournier Chirurgien pour les penfer.

On auroit de la peine à fe perfuader qu'on ait eu affez d'inhumanité pour faire fouffrir à des innocens tant de tourmens, fi les Sieurs Directeurs n'en avoient euxmêmes fourny les preuves par les Lettres * que Caron & d'autres leur en ont écrit. D'ailleurs la Quittance de Fournier Chirurgien, produite au 6. Sac cotte C. qui a reconnu avoir receu du Sieur Roüaud Agent des Sieurs Directeurs la fomme de 150. liv. pour avoir penfé & medicamenté les Sieurs Marcara pere, fils & neveu, eft une marque inconteftable de leurs mauvais traittemens.

Turgot de S. Clair, au 4. fac, cotté S. joint à l'Inftance. En voicy les termes : *Le troifiéme de la nuit paffée, les Armeniens Marcara pere & fils étant detenus dans le navire S. François, ont entrepris de s'échapper, ayant de longue main limé en piece le cadenat des fers où ils étoient attachez, & fait un trou dans la cloifon de leur chambre, le pere fauta dans la mer par un fabort; il s'eftoit lié plufieurs couffins autour de fon corps, fous les bras, fur la poitrine; mais neanmoins il fe feroit noyé, fi on n'euft pas efté le fecourir par la chaloupe qui y fut envoyée, fur le grand bruit qu'il fit, criant furieufement à fon fils, ah Michiel, ah Michiel, comme ne fçachant pas nager, & craignant de mourir, on le ramena en fa place, & on prendra dorénavant un plus grand foin de luy. Ce qu'il fit, en le chargeant de nouveaux fers, & luy faifant fouffrir plus de mifere que jamais.*

Le Sieur Marcara voyant qu'aprés 21. mois de prifon dans le Port Loüis, on ne faifoit aucune pourfuites, ny civiles, ny criminelles contre luy, & ne fçachant pas ce qu'on vouloit faire de fa perfonne, après avoir écrit plufieurs fois aux Sieurs Directeurs pour leur demander juftice fans recevoir aucunes réponfes, il trouva moyen par l'organe d'un fien Coufin Germain d'avoir recours au Roy : Ce Coufin Germain ayant

*Voir la confrontation dud. Lambety 7. témoin oüy en l'Information du Grand Conf. lorfque le Sr Marcara lui a reproché que ce fut lui qui mit les fers aux pieds aux Srs Marcara pere, fils, & neveu, il a *reconnu qu'arrivât à Surate on lui avoit mis les fers aux pieds; mais que ce fut par l'ordre du Sr Caron, qui envoya exprés deux gardes pour cet effet.*

*Voir la lettre de Caron du 15. Mars 1671. produite par les Sieurs Direct. pardevant Monf.

appris dans les Indes l'infortune du Sieur Marcara, vint en France pour le fecourir dans fon affliction. Sa Majefté receut fon Placet; les Sieurs Directeurs en ayant eu avis, pour donner quelque couleur à leur perfecution, s'aviferent d'accufer le Sieur Marcara d'avoir diverty les effets de la Compagnie & d'avoir malverfé dans fes emplois; fur quoy Sa Majefté rendit un Arreft, le 2. Janvier 1675. * portant que le Sieur Marcara & fon fils feroient mis hors de la Citadelle du Port Loüis à la charge de fe rendre dans trois femaines en cette Ville de Paris, & de comparoir pardevant Monfieur Turgot de Saint Clair Maiftre des Requeftes, pour eftre oüis & interrogez, & qu'à cet effet ils auroient les grands chemins pour prifons.

Le 4. Février 1675. les Sieurs Marcara partirent de Port Loüis, & du moment qu'ils furent arrivez à Paris, ils fe prefenterent devant Monfieur Turgot de Saint-Clair, qui les interrogea * le 12. Mars 1675.

Enfuite le Sieur Marcara prefenta fa Requefte pour demander au Confeil de Sa Majefté les reparations & les autres chofes, fur lefquelles il s'agift de prononcer dont le détail fera expliqué incontinent, parce que c'eft en quoy confifte la matiere du procez. Les Sieurs Directeurs voyans bien que le Sieur Marcara & fon fils eftoient innocens, que les mauvaifes impreffions que Caron & fes adherans leur avoient donné de leur conduite eftoient fauffes, & qu'ils ne pourroient jamais s'empêcher de donner au Sieur Marcara & à fon fils la fatisfaction qu'ils demandoient, propoferent un accommodement, mais aprés une année de longueur, leurs propofitions eftans fans effet, Monfieur Turgot de Saint Clair voyant que ce n'eftoient que des feintes pour amufer & fatiguer la patience du Sieur Marcara, il mit fon ordonnance au bas de fa Requefte, * le 5. Mars 1676. dont les Conclufions font precifes à ce que les Sieurs Directeurs foient condamnez.

1º. Au payement de fes appointemens à raifon de 600. liv. par mois, qui font 7200. liv. par an, fuivant le traitté du 14. Octobre 1667. à compter depuis le 23. Decembre 1666. jour de fon embarquement à S. Malo jufqu'à la fin du procez & au payement actuel des condamnations qu'il obtiendra contre les Sieurs Directeurs, avec les interefts.

2º. A la reftitution de la fomme de 6000. liv. à laquelle il s'eft reftraint pour la valeur de fes hardes, pourcelaines, or & argent monoyé, & autres effets qui luy ont efté enlevez, fans ordre & fans inventaire le jour de fon emprifonnement, du 21. Septembre 1670. & depuis avec les interefts du jour de l'enlevement.

3º. Au payement de la fomme de 1500. liv. à luy deuë par le nommé Bebert l'un des Commis de la Compagnie, fur lequel il a fait faire une faifie entre les mains de Caron, le 13. May 1669. pour feureté de ladite fomme, avec les interefts depuis ledit jour 13. May 1669.

4º. Au payement de tous les dommages & interefts par luy foufferts faute d'avoir efté payé de ce qui luy eftoit deub par les Sieurs Directeurs, & d'avoir joüy de fes effets.

5º. En tous les dépens du procez.

Le 14. Avril 1676. les Sieurs Directeurs répondirent à cette Requefte par une autre * remplie d'injures & de calomnies, par laquelle ils demanderent que le Sieur Marcara fût condamné à leur payer une fomme de 200000. livres.

Aprés deux années de procedures, l'Inftance ayant efté communiquée à Meffieurs Puffort, Voifin & Benard de Rezé, & eftant prefte à juger, les Sieurs Directeurs furprirent un Arreft au Confeil d'Etat, le 27. Février 1677. a par lequel le procez Criminel encommencé au Sieur Marcara & à fon fils fut renvoyé au Grand Confeil avec fes circonftances & dépendances, pour eftre inftruit à la Requefte de Monfieur le Procureur General; pourfuitte & diligence des Sieurs Directeurs, avec deffenfe de fe pourvoir ailleurs.

Il eft bien aifé de voir que les Sieurs Directeurs n'avoient furpris cet Arreft qu'à deffein d'intimider le Sieur Marcara & fon fils, ils fe perfuadoient qu'eftans Etrangers & ayans affaire à des parties auffi puiffantes qu'eux; ils n'auroient pas la fermeté d'effuyer une procedure criminelle qui les ménaçoit, & que fe trouvans reduits à de grandes extremitez, ils feroient obligez de fe mettre à leur mercy; & qu'ainfi ils euffent efté les maiftres de leur compofition; mais leurs precautions font devenuës inutiles, parce que le Sieur Marcara ayant eu avis de cet Arreft, que les Sieurs Directeurs ne vouloient pas luy faire fignifier à deffein de tirer l'affaire en longueur, il les prevint & fe prefenta au Grand Confeil, pour faire avancer la procedure & juftifier fon innocence.


* L'Arreft du 2. Janv. 1675. eft produit en l'Inftance, au 3. fac, cotte B.

Commenc. des proced. au Confeil.

* L'Interrog. eft produit en l'Inft. au 3. fac cotte B.

* La Req. eft prod. en l'Inft 3. fac, cotte A. Demandes de Marcara au mois de Mars 1676.

* La Req. des Srs Direct. du 14. Avr. 1676. prod. pardev. M. Turgot de S. Clair, 2. fac, cotte A. joint à l'Inftance.

a Prod. au 3. fac, cotte B.

Renvoy des conteftations au Gr. Conf. par Arreft du Conf. d'Eftat du 27. Fevr. 1677.

Les Sieurs Directeurs voyans que leurs dissimulations & leurs artifices ne produisoient rien, ils chercherent un autre détour pour tâcher d'ébranler le Sieur Marcara, ils ne l'avoient accusé d'abord que de dissipation des deniers de la Compagnie & de malversation dans ses emplois ; *mais après cet Arrest, ils ajoûterent les vols, meurtres, assassinats, caballes, soulevement, desobeïssance, atheïsme, sortilege , magie , intrigues, negoce particulier, & plusieurs autres crimes qu'ils inventerent au nombre de trente-deux Chefs, *a* & pour appuyer leurs calomnies & tâcher de donner quelque mauvaise idée du Sieur Marcara, ils se servirent, comme il a esté cy-devant remarqué, de la Sentence de Florence du 10. Juillet 1663. qui leur avoit esté déposée par le Sieur Marcara, & de laquelle ils s'estoient chargez eux-mêmes le 13. Novembre 1666. de poursuivre la reparation , & par ce moyen ils abuserent de la confiance que le Sieur Marcara avoit eu sur eux, lorsqu'ils avoient traitté avec luy.

Quoyque le Sieur Marcara s'appliquast en ce temps-là principalement à sa justification, il ne vouloit pas neanmoins negliger ses interests ; & pour cela il se mit en devoir de faire juger ses demandes civiles portées par sa Requeste du 5. Mars 1676. & comme il estoit sur le point d'obtenir une provision de 20000. liv. les Sieurs Directeurs surprirent le 12. Février 1678. un autre Arrest du Conseil d'Etat, portant qu'il seroit incessamment procedé au Grand Conseil à l'instruction & jugement du procez criminel encommencé aux Sieurs Marcara pere & fils, & jusques à ce surcis à toutes poursuites, que les Sieurs Marcara & les Sieurs Directeurs pourront faire pour affaires civiles.

Par cet Arrest les demandes civiles du Sieur Marcara ayant esté distinguées & separées d'avec son procez criminel sur la requisition & l'aveu des Sieurs Directeurs, il s'est borné au Grand Conseil dans sa seule justification sur les trente-deux Chefs d'accusations qui luy avoient esté de nouveau imposez par les Sieurs Directeurs, sans y confondre directement ny indirectement ses pretentions civiles, & les Juges du Grand Conseil s'estans aussi renfermez dans la seule instruction du procez criminel , après avoir interrogé le Sr Marcara sur la sellette, sur toutes les accusations à lui imposées, & particulierement sur le fait de la Sentence de Florence du 10. Juillet 1663. ils ont rendu un Arrest, le 30. Mars 1680. * par lequel *faisant droit sur ladite Instance criminelle*, ils ont renvoyé le Sieur Marcara & son fils absous de toutes les accusations contr'eux intentées, & ont condamné les Sieurs Directeurs aux dépens pour tous dommages & interests envers le Sieur Marcara pere, & à l'égard de son fils, ils luy ont adjugé une somme de 4000. liv. pour ses dommages & interests outre les dépens.

Cet Arrest qui ne touche ny prés ny loin aux contestations civiles du Sieur Marcara a esté un coup de foudre pour les Sieurs Directeurs, qui dans leur étonnement ont eu recours par leur aveuglement ordinaire à des subterfuges deplorables ; parce que le Sieur Marcara après son absolution s'estant mis en devoir de faire juger ses demandes civiles au Grand Conseil, & les Sieurs Directeurs voyans qu'on estoit trop instruit dans ce tribunal de leur mauvaise foy , se sont pourveus au Châtelet ( au prejudice de l'Arrest du Conseil d'Etat, du 27. Fevrier 1677. * rendu sur leur seule Requeste, qui avoit renvoyé les parties & tous leurs differens au Grand Conseil avec deffense de se pourvoir ailleurs, ) & ont surpris le 29. Avril 1680. une Ordonnance * du Sieur Girardin Lieutenant Civil, portant permission de faire assigner le Sieur Marcara au Châtelet, & de saisir entre leurs mains ce qu'ils devoient au Sieur Marcara & à son fils, pour les dépens à eux adjugez au Grand Conseil, avec deffense d'executer l'Arrest du Grand Conseil, du 30. Mars 1680. pretendans par ce moyen commencer une procedure civile au Châtelet, pour donner matiere à un procez qui n'eust jamais de fin.

Mais sçachans bien que cette procedure ne se pourroit jamais soûtenir, parce que le Sieur Marcara ayant reclamé l'autorité du Grand Conseil, l'Ordonnance du Lieutenant Civil avoit esté cassée, ils sont retournez au Conseil Privé, où il ont surpris un Arrest le 4. May 1680 * portant surceance à l'execution de l'Arrest du Grand Conseil du 30. Mars 1680. & que le Sieur Marcara seroit assigné au Conseil.

Enfin par leur credit & leurs brigues ils ont fait rendre un Arrest au Conseil, le 7. Decembre 1680. * par lequel ils ont fait évoquer l'Instance civile pendante au Grand Conseil ; & par ce même Arrest il est permis au Sieur Marcara & à son fils de continuer leurs poursuites au Grand Conseil pour faire proceder à la taxe des dépens à eux adjugez par l'Arrest du 30. Mars 1680. & cependant surcis à l'execution de cet Arrest, à l'égard du Sr Marcara pere pour le payement desdits dépens, jusques

à ce

* Cela paroist par l'Arr. du 2. Janv. 1675. prod. en l'Instance, 3. sac, cotte B.

*a* Voir l'Extr. de Mons. le Procur. Gen. au Gr. Cons. prod. en l'Inst 6. sac, cotte F.

*Arr. du Conseil d'Estat, qui a distingué le procés crim. contre Marcara , d'av. le procez civil.*

*32. Chefs d'accusation contre Marcara.* Prod. au 3. sac, cotte G.

*Renvoyé absous par l'Arest du Gr. Conseil du 30. Mars 1680.*

* Voir led. Arest au 3. sac. cotte B.

* Prod. au 1. sac, cotte G. & au 3. sac , cotte E.

* Cet Arrest est prod. au 3. sac , cotte E.

* au 3 sac cotte. E.

*Arr. du Conseil Privé, portant evo-*

à ce qu'autrement par le Conseil en ait esté ordonné.

En consequence de cet Arrest les Sieurs Directeurs ont presenté une Requeste au Conseil remplie de toutes sortes d'injures & des mêmes calomnies dont le Sieur Marcara a esté renvoyé absous au Grand Conseil, & par cette Requeste ils ont demandé que le Sieur Marcara fut condamné.

1. Au payement de la somme de 23744. liv. qu'ils ont dit leur estre deüe par les pretendus comptes du 22. Septembre 1670. avec les interests, à compter du jour qu'ils supposent que le Sieur Marcara l'a retenuë.

2. Au payement de la somme de 1500. liv. portées par l'obligation du Sieur Marcara du 13. Novembre 1666. avec les interests du jour de la demande.

3. Au payement d'une somme de 4824. liv. qu'ils supposent avoir payée au nommé Mirsadaly, à l'acquit du Sieur Marcara, avec les interests.

4. De celle de 300. livres qu'ils pretendent avoir esté par luy receüe au Fort Dauphin, aussi avec les interests.

5. De celle de 100000. liv. à laquelle ils se sont restraints pour les pretendus dommages & interests de la Compagnie.

Sur cette Requeste il a esté rendu un Arrest*, le 4. Fevrier 1681. portant que les parties seroient sommairement oüyes pardevant Monsieur Quentin de Richebourg.

C'est delà que le Sieur Marcara a pris occasion de repeter par des Requestes posterieures les mêmes Conclusions qu'il avoit déja prises par sa Requeste du 5. Mars 1676. & de demander que la procedure criminelle faite contre luy au grand Conseil, fust jointe à l'Instance, pour faire voir au Conseil que les calomnies des Sieurs Directeurs estoient jugées, & qu'on ne pouvoit pas confondre le procés criminel terminé par l'Arrest du grand Conseil du 30. Mars 1680. avec les contestations civiles qui estoient à terminer, & que d'ailleurs toute la procedure criminelle faite à la Requeste des Sieurs Directeurs, ne pouvoit plus porter d'inductions pour eux, mais uniquement contr'eux; sur ces Requestes sont intervenus deux Arrests les 4. Mars & 3. Octobre 1681. * par lesquels il a esté entre autres choses ordonné que la procedure criminelle seroit jointe à l'Instance.

Cependant le Sieur Marcara & son fils en execution de l'Arrest du 7. Decembre 1680. ont poursuivy au Grand Conseil la taxe des dépens à eux adjugez par l'Arrest du 30. Mars 1680.

Le reglement du Grand Conseil porte que les sejours seront payez aux Conseillers des Cours Souveraines, à raison de 10. livres par chacun jour, & aux Gentilshommes à raison de 7. livres dix sols. L'Arrest diffinitif du grand Conseil avoit confirmé au Sieur Marcara la qualité de Conseiller au Conseil souverain de l'Isle Dauphine, on devoit donc luy taxer 10. livres par jour & à son fils 7. livres 10. sols en qualité de Gentilhomme Persan: Cependant le Procureur Tiers n'ayant taxé aux Sieurs Marcara que 6. livres par jour à chacun, ils interjetterent appel de cette taxe; & les Sieurs Directeurs de leur costé s'aviserent aussi d'en interjetter appel, & de contester au Sieur Marcara pere la qualité de Conseiller au Conseil souverain de l'Isle Dauphine & de Directeur de tous les Comptoirs des Indes & de Perse, & tant au pere qu'au fils celle de Gentilshommes Persans: Mais comme les qualitez de Conseiller & de Directeur avoient esté jugées contradictoirement avec eux par l'Arrest du grand Conseil du 30. Mars 1680. ils y acquiescerent enfin par une Requeste du 28. Juillet 1681. * Mais ils se reduisirent à contester avec opiniastreté la qualité de Gentilshommes Persans, & de demander particulierement par la même Requeste, qu'elle fust biffée & rayée.

Ils n'oublierent pas pour lors de produire une seconde fois la Sentence de Florence du 10. Juillet 1663. dans la pensée qu'elle leur reüssiroit mieux q'auparavant, mais elle eut le même sort & les Juges du Grand Conseil, qui l'avoient vüe & examinée sur les sollicitations pressantes des Sieurs Directeurs, ayans esté convaincus de l'innocence du Sieur Marcara & de sa qualité de Gentilhomme par les preuves qu'il en rapporta, n'eurent aucun égard aux contestations des Sieurs Directeurs, & par leur Arrest du 20. Decembre 1681. * ils passerent outre à la taxe & liquidation des dépens adjugez, tant au pere qu'au fils par l'Arrest du 30. Mars 1680.

Les Sieurs Directeurs executerent cet Arrest & payerent les dommages & interests, & les dépens du Sieur Marcara fils, ceux du pere estans demeurez en surceance.

termes: *Louis par la grace de Dieu Roy de France & de Navarre, à tous ceux qui ces presentes Lettres verront,*

E

*Salut ſçavoir faiſons, comme par Arreſt ce jourd'huy donné en noſtre Grand Conſeil, entre noſtre bien amé Martin Marcara Avachins Gentilhomme Perſan, Conſeiller au Conſeil ſouverain de l'Iſle Dauphine, & Directeur des Comptoirs de la Compagnie des Indes Orientales, &c. Et Michel Marcara auſſi Gentilhomme Perſan, &c. Veu par noſtre Conſeil l'Arreſt, &c. Sentence de la juſtice criminelle de la Cité & Seigneurie de Florence du 10. Juillet 1663, &c.*

Aprés quatre années de procedures, l'Inſtance du Conſeil Privé eſtant preſte à juger au rapport de Monſieur Quentin de Richebourg, les Sieurs Directeurs voulans éloigner le jugement qu'ils en apprehendent, ſe ſont deguiſez en nouveaux Directeurs & ont expoſé que le Sieur Marcara n'eſtoit point compris dans des bilans qu'ils avoient faits en 1684. ( comme ſi des bilans legitimes pouvoient ſe faire ſans y comprendre les Creanciers, ) qu'il n'avoit intenté ſon action que depuis leſdits bilans & depuis l'établiſſement d'une nouvelle Compagnie, que l'ancienne ne ſubſiſtoit plus, & en conſequence ils ont demandé d'eſtre dechargez des demandes du Sieur Marcara; &
* Cet Arreſt<br>eſt prod. au 5.<br>ſac, 2. liaſſe. ſur ce faux expoſé, ils ont obtenu ſur Requeſte, ſans l'avoir communiquée au Sieur Marcara, un Arreſt du Conſeil d'enhaut le 5. May 1685. * portant que le Sieur Marcara & les autres y dénommez ſeroient tenus de repreſenter les Titres & pieces juſtificatives de leurs pretentions pardevant de nouveaux Commiſſaires, pour eſtre par eux dreſſé Procés verbal des dires & conteſtations des Parties, ſur lequel vû au Conſeil avec leur avis, ſeroit fait droit ainſi qu'il appartiendroit: Et les Sieurs Directeurs ont pretendu par le moyen de ce nouvel Arreſt empêcher le jugement de l'Inſtance au rapport de Monſieur de Richebourg, & recommencer un Procés tout inſtruit.

C'eſt ce qui a obligé le Sieur Marcara de recourir au Roy, & de luy preſenter pluſieurs Placets & Memoires; enfin Sa Majeſté eſtant pleinement informée que ce n'é-
* Cet Arr. eſt<br>prod. au 5. ſac<br>2. liaſſe. toit qu'un artifice des Sieurs Directeurs, pour éloigner le jugement de l'Inſtance & continuer leurs vexations contre le Sieur Marcara : a ordonné par un autre Arreſt du Conſeil d'enhaut du 7. Janvier 1687. * que l'Arreſt du 5. May 1685. n'auroit point de lieu à l'égard des Inſtances particulieres d'entre le Sieur Marcara & les Sieurs Directeurs: Ce faiſant qu'elles ſeroit jugées au rapport de mondit Sieur de Richebourg.

Mais les Sieurs Directeurs éloignans toûjours par des mauvais pretextes la fin d'une Inſtance, qui n'a déja que trop duré, le Sieur Marcara a eſté contraint de donner ſa Requeſte afin de Proviſion; ce que les Sieurs Directeurs ont voulu empêcher par le moyen d'une autre Requeſte qu'ils ont donnée afin d'eſtre reçûs parties intervenantes d'entre eux-mêmes, & le Sieur Marcara: Mais nonobſtant leurs reſiſtances il
* Cet Arr. eſt<br>prod. au 5. ſac,<br>2. liaſſe. eſt intervenu Arreſt contradictoire le 19. Mars 1687. * qui a adjugé au Sieur Marcara 3000. livres de proviſion & a reçû les Sieurs Directeurs parties intervenantes, & qui a ordonné qu'il ſera inceſſamment paſſé outre au jugement de l'Inſtance.

Nonobſtant cét Arreſt, les Sieurs Directeurs toûjours mal intentionnez, aprés avoir pris communication de cette Inſtance, ont gardé le ſilence pendant prés d'un an; enfin à la veille du jugement ils ſe ſont aviſez le 16. Janvier 1688. de faire ſignifier au Sieur Marcara une grande Requeſte, par laquelle ils ont repris les mêmes concluſions qu'ils avoient priſes par leur Requeſte inſerée dans l'Arreſt ſurpris le 4. Fevrier 1681. & y ont ajoûté que le Sieur Marcara ſoit condamné de leur rendre la ſomme de 3000. livres, à laquelle ils ont eſté condamnez par l'Arreſt contradictoire du 19. Mars 1687. Dans cette Requeſte ils ſe ſont ſervis des faits colomnieux qui compoſoient les 32. chefs d'accuſations, dont le Sieur Marcara, aprés information, interrogatoire, recollement, confrontation & d'erechef interrogé ſur la ſellette, a eſté renvoyé abſous par l'Arreſt du grand Conſeil du 30. Mars 1680. pour fondement de leurs deffenſes contre les demandes du Sieur Marcara, & les invectives y tiennent lieu de raiſons, s'imaginans qu'ils en peuvent uſer ainſi, à cauſe que le Sieur Marcara ayant fait joindre à l'Iſtance la procedure criminelle faite contre luy, d'autorité du grand Conſeil, il a rendu par ce moyen, diſent-ils, cette procedure criminelle commune entre toutes les Parties, ce qui ſignifie, ſelon la malignité de leurs eſprits, qu'ils ſe trouvent en droit d'accuſer de nouveau le Sieur Marcara des mêmes crimes qu'ils luy avoient impoſé au grand Conſeil, ou du moins de tirer des inductions à leur avantage de ce même Procés criminel.

*Deux obſervations.* Mais pour les relever de leurs erreurs, il y a deux choſes à remarquer.

L'une qu'il ne leur eſt pas permis d'accuſer encore une fois le Sieur Marcara des mêmes crimes, dont il a eſté purgé.

L'autre que le Sieur Marcara ayant fait joindre ces procedures criminelles à la preſente Inſtance, il ne l'a fait que dans le deſſein de montrer aux Sieurs Directeurs la fin de non-recevoir qui eſt évidente contr'eux, parce qu'ils ne rebattent que les mêmes chofes qui ont efté dites & jugées au grand Confeil, outre qu'il luy eft per-mis de prendre fes avantages par les propres inftrumens de fes Parties adverfes, qui font leurs pieces & leurs témoins, fans qu'ils puiffent s'en fervir contre luy : & la raifon de cette regle vient de ce que les pieces & les témoins des Sieurs Directeurs ayans efté par eux adminiftrez & produits, ils ont efté condamnez au grand Confeil, & par ce moyen ces pieces & ces témoins font éteints abfolument pour eux, à l'é-gard defquels ils ont efté jugez nuls & infuffifans : mais à l'égard du Sieur Marcara, qui en eft forty innocent, ils font pleine preuve en fa faveur pour montrer non feule-ment qu'on n'y a point eu d'égard à caufe qu'ils eftoient contre les veritez juftifiées par le Sieur Marcara, mais encore que tout ce que ces pieces contiennent tourne au defavantage des Sieurs Directeurs, parce que le grand Confeil en abfolvant le Sieur Mar-cara, a jugé que tout ce que ces témoins, ont pû dire en fa faveur contre les Sieurs Directeurs qui les produifoient, eftoit d'une verité inconteftable, de même que ce qu'ils ont dit pour eux eftoit d'une fauffeté conftante.

Cette remarque eftoit neceffaire, afin de retrancher tout d'un coup les mauvaifes confequences que les Sieurs Directeurs ont voulu tirer de cette procedure criminel-le, qui eft entierement aneantie pour eux & qui ne peut jamais revivre, qui d'ail-leurs eft diftincte & feparée des chefs de demandes du Sieur Marcara, dont il fera voir la juftice, en les établiffant fommairement & en détruifant les moyens que les Sieurs Directeurs alleguent pour s'en deffendre, pour enfuite montrer combien les pretentions des Sieurs Directeurs font injuftes & infoutenables.

## SECONDE PARTIE.

### Expofition des chefs de demandes du Sieur Marcara.

QUoique parce qui a efté dit dans la premiere partie on puiffe bien concevoir en quoy doivent confifter les demandes du Sieur Marcara, neanmoins comme il veut la deffus pleinement fatisfaire les efprits, il a refolu de les expofer icy felon leurs differens chefs, dans lefquels il comprendra les objections des Sieurs Directeurs & fes réponfes invincibles qui les detruifent.

Preuves des demand. de Marcara felon leurs dif-ferens chefs.

### PREMIER CHEF.

#### Touchant les appointemens du Sieur Marcara.

Le Sr Marcara a déja montré que les Srs Directeurs Generaux de la Compagnie des Indes Orientales eftoient convenus par deliberation du 13 Novembre 1666. qu'il fe-roit envoyé à Madagafcar, où fa qualité, fon employ & fes appointemens feroient re-glez par les Sieurs Directeurs Generaux qui étoient fur les lieux : & que cependant fes appointemens auroient cours du jour de fon embarquement en France, qui fut fait à faint Malo le 23. Decembre 1666. il n'y a donc point de difficulté qu'ils ont deub courir dés ce jour là; & comme ils ont efté reglez le 14. Octobre 1667. par les Sieurs de Faye & Caron Directeurs Generaux, qui eftoient à Madagafcar, à 600. livres par mois, qui font 7200. livres par an, fans y comprendre les nourritures du Sieur Mar-cara & de fes Domeftiques, il n'y peut plus avoir de queftion fur la qualité & quantité defdits appointemens : mais puifque les Sieurs Directeurs en veulent former une fur le temps que lefdits appointemens doivent durer, il eft bon de leur faire voir qu'ils ne peuvent actuellement ceffer que par la fatisfaction reelle qu'ils doivent don-ner au Sieur Marcara de tout ce qui luy eft deub.

Appointem. dûs depuis l'embarq. de Marcara à S. Malo. du 23. Dec. 1666. jufq; à prefent.

Cette propofition eft foûtenuë par deux raifons invincibles qui ne fouffrent point de réponfes.

La premiere, eft que les Sieurs Directeurs & le Sieur Marcara ayans une fois paffé les Traitez des 13. Novembre 1666. & 14. Octobre 1667. par lefquels il s'eft engagé à la Compagnie, & la Compagnie auffi s'eft engagée à luy payer une fomme de 600. liv. par mois, & n'y ayant point eû de revocation ny deftitution du Sieur Marcara, il n'eft pas au pouvoir des Sieurs Directeurs d'en changer l'état par des mauvaifes procedures, & par une conduite injurieufe & calomnieufe qu'ils ont tenuë contre le Sieur Marcara & fa famille.

Preuves de cette propofi-tion.

La derniere raifon eft qu'à confiderer toutes les conditions du Traitté du 14. Octo-bre 1667. & fingulierement la derniere, on voit que *la Compagnie promet audit Sieur*

*Marcara, en cas qu'il soit pris & arresté par les Corsaires de toutes nations, pendant qu'il sera au service actuel d'icelle, de le rachepter le plus diligemment que faire se pourra & que pendant sa detention les appointemens cy-dessus ne laisseront de courir, & luy estre payez, comme s'il servoit actuellement,* c'est à dire que tant que le Sieur Marcara ne feroit que ce qu'il devoit pour la Compagnie, qu'il ne luy arriveroit des accidens que par infortune, & que le deffaut de servir ne viendroit que par des violences étrangeres & non point par sa faute, ses appointemens luy devoient toûjours être payez; à plus forte raison le Sieur Marcara ayant toûjours esté injurieusement opprimé par les Sieurs Directeurs sur des fausses accusations, sans avoir gardé aucune formalité de justice, ayant même esté emprisonné les fers aux pieds, garotté & maltraité pendant quatre ans & demy, & n'ayant obtenu sa liberté que par son innocence ingenuëment reconnuë & justifiée au Grand Conseil, il a merité pendant tout ce temps-là ses appointemens, puisque sa condition & ses souffrances se sont trouvées plus dangereuses que s'il avoit esté arresté par des Corsaires. *Fingitur enim servivisse cum per eum non steterit quin serviret,* comme Godefroy l'a tres-judicieusement remarqué dans ses notes sur le §. 10. qui est de Papinian de la loy 19. *ff. locat. & conduct.* En effet il n'a pas tenu au Sieur Marcara qu'il ne travaillast, puisque sans cause & sans sujet il en a esté empêché par les Sieurs Directeurs.

Il est donc constant que les Sieurs Directeurs ne peuvent se dispenser de payer au Sieur Marcara tous ses appointemens, à raison de 7200. l. par an, à compter depuis le 23. Decembre 1666. jusqu'à l'actuelle satisfaction qu'ils sont obligez de luy donner, parce que même les poursuites qu'il a faites au Grand Conseil pour sa justification, & celles qu'il fait encore aujourd'huy au Conseil Privé estans des suites des empêchemens violens que les Sieurs Directeurs y ont apporté, on voit bien que ces empêchemens durent toûjours, comme estans *onoranda libertatis causa facta,* suivant le sentiment du Jurisconsulte dans la loy 1. §. 5. & Loy derniere, *in fin. quar. actio non dat.*

Et par les mêmes raisons, les interests de la somme, à laquelle ses appointemens se peuvent monter sont aussi deubs, au moins du jour de la demande qui en a esté faite par sa Requeste du 5. Mars 1676.

## PREMIERE OBJECTION.

La premiere objection que les Sieurs Directeurs ont formée sur cette matiere est de dire que la Compagnie ancienne ne subsiste plus & que la nouvelle, pour la deffense de laquelle ils se disent établis en execution de l'Edit du mois de Février 1685. ne peut estre tenuë des pretentions du Sieur Marcara, attendu qu'il n'est pas compris dans les bilans qu'ils ont faits les 5. Juin & 13. Novembre 1684.


Mais cette objection n'est pas supportable, comme il sera montré incontinent, elle merite toutesfois une reflexion avantageuse pour le Sieur Marcara, qui est que les Sieurs Directeurs font voir par là qu'ils reconnoissent que les pretentions du Sieur Marcara sont justes, & que la Compagnie est obligée de le satisfaire, puisque la Compagnie pretenduë nouvelle, qui parle neanmoins par la bouche des Directeurs de celle qu'ils appellent ancienne, pretend s'excuser de satisfaire aux pretentions du Sieur Marcara; ce qui est une preuve tres évidente qu'il en a, & qu'elles sont justes, parce qu'autrement il ne faudroit point chercher d'excuses.

Il est vray que depuis que cette Compagnie a changé de nom & qu'elles s'appelle nouvelle Compagnie, elle croit devoir être dispensée des pretentions du Sr Marcara, parce que les Sieurs Soulet, Pocquelin, Fremont, Morel, le Brun & Tardif, qui estoient Directeurs de la Compagnie devant & aprés qu'elle a changé de nom, ont fait des bilans, dans lesquels ils n'ont pas voulu comprendre la dette du Sieur Marcara; c'est-à-dire que lors qu'un debiteur à leur imitation, voudra fruster ses Creanciers de ce qu'il leur doit, il n'aura qu'à changer de nom, faire un bilan de ses effets sans y comprendre ses dettes passives, & ce bilan luy servira de Quittance de décharge envers ses Creanciers. Voila un étrange paradoxe; aussi est-il certain que ce pretendu moyen a esté condamné par tous les Arrests, qui ont esté rendus depuis lesdits bilans.

En effet on ne comprendra jamais que les Sieurs Directeurs, qui ont fait ces bilans ayent pû se décharger eux mêmes de la dette du Sieur Marcara, & profiter par ce moyen de leur propre omission frauduleuse & volontaire, le bon sens, l'équité naturelle, & toutes les Loix resistent au sentimens des Sieurs Directeurs : & Sa Majesté toûjours juste dans ses resolutions, a decidé sur cela en faveur du Sieur Marcara ra, puïsqu'elle a obligé les Directeurs de la Compagnie pretenduë nouvelle à toutes les mêmes chofes qu'eftoient les Directeurs de celle qu'on appelle ancienne. *Reflexions.*

1º Par l'Edit du mois de Fevrier 1685. * Sa Majefté leur acorde feulement la fubrogation au lieu, place, droits & actions des anciens intereffez; c'eft une maxime que celuy qui eft fubrogé entre dans les mêmes Obligations que celuy, en la place de qui il eft fubrogé, & par confequent comme les anciens Directeurs eftoient condamnables, aux demandes & pretentions du Sieur Marcara, il s'enfuit que les pretendus nouveaux Directeurs y font pareillement condamnables, parce que c'eft *idem corpus, eadem legio, idem populus*, comme dit le Jurifconfulte dans la Loy 76. *ff. de judic.*

** Il eft prod. au 5. fac, 2. liaffe.*

2º Lors que les Sieurs Directeurs ont fuppofé que le Sieur Marcara n'avoit intenté fon action que depuis lefdits bilans, & qu'ils ont demandé d'eftre déchargez de fes demandes, parce qu'elles n'eftoient pas comprifes dans ces bilans, Sa Majefté a rendu fur cet expofé un Arreft du Confeil d'enhaut le 5. May 1685. * par lequel il a refervé à tous les Creanciers de la Compagnie leurs actions entieres, en ordonnant qu'ils reprefenteroient leurs Titres de creances pardevant des Commiffaires qu'elle a nommez: ce qui fait voir que les pretendus bilans alleguez par les Sieurs Directeurs ne leurs peuvent pas fervir de fins de non recevoir contre leurs Creanciers.

** Prod. au 5. fac, 2. liaffe.*

3º Le Sieur Marcara même a efté diftingué de tous les autres Creanciers de la Compagnie, parce que nonobftant cet Arreft du 5. May 1685. Sa Majefté ayant efté bien informée du droit du Sr Marcara & de l'eftat de fon affaire, inftruite depuis plufieurs années, & toute prefte à juger, elle a ordonné par un autre Arreft du Confeil d'enhaut du 7. Janvier 1687. * que ledit Arreft du 5. May 1685. n'avroit point de lieu à l'égard des Inftances particulieres d'entre le Sieur Marcara & les Sieurs Directeurs. Ce faifant qu'elles feroient jugées au rapport de Monfieur de Richebourg ; ce qui marque une notable exception du Sieur Marcara d'avec tous les autres Creanciers de la Compagnie.

** Prod. au 5. fac, 2. liaffe.*

4º L'Arreft du 19. Mars 1687. * qui a reçû les Sieurs Directeurs parties intervenantes, les a condamné en même-temps à payer au Sieur Marcara une fomme de 3000. livres par provifion : & a ordonné qu'il feroit inceffamment paffé outre au jugement de l'Inftance; en forte qu'à l'égard du Sieur Marcara, la pretenduë nouvelle Compagnie à toûjours efté regardée comme l'ancienne, & tenuë des mêmes charges.

** Prod. au 5. fac, 2. liaffe.*

Enfin les Sieurs Directeurs ne peuvent pas denier qu'ils n'ayent fatisfait aux pretentions de Guilhein Commis & Creancier de la Compagnie nommée ancienne, mentionné dans l'Arreft du 5. May 1685. quoy que non compris dans ce fameux bilan; ils ne peuvent pas non plus difconvenir que Sa Majefté ne les ait condamné par Arreft du 1. May 1688. à rendre & reftituer aux Pauvres de l'Hôpital de Lyon, heritiers du feu Sieur Raifin Marchand Joallier decedé aux Indes, des effets duquel ils s'eftoient emparez, toutes les fommes qu'ils n'avoient pas voulu comprendre dans ce bilan à deffein de fe les approprier au prejudice des Pauvres de l'Hôpital de Lyon.

Aprés quoy ce pretendu bilan n'eft plus qu'une chimere incapable de faire aucun autre effet que celuy de montrer la mauvaifé foy des Sieurs Directeurs.

## SECONDE OBJECTION.

Les Sieurs Directeurs ont dit pour feconde objection, qu'ils doivent eftre quittes envers le Sieur Marcara pour une raifon qu'ils tirent des conditions de fon engagement & du pretendu negoce particulier qu'ils difent avoir efté par luy fait, dont ils pretendent former la preuve.

*Leurs pretend. preuves.*

1º Sur l'Article 23. de l'interrogatoire du Sieur Marcara pardevant Monfieur Turgot de S. Clair, où ils fupofent que le Sieur Marcara a avoué d'avoir fait un negoce particulier.

2º Sur un pretendu extrait du livre Journal de Maffulipatan, par lequel il paroift que l'on ne donna au fils du Sieur Marcara que 23400. roupies lorfqu'il partit pour faint Thomé.

3º Sur des Actes du Procés criminel & des Lettres * de Goujon & Martin des 15. Aouft & 21. Octobre 1670. qui ont écrit avoir ouy dire que le Sieur Marcara avoit donné de l'argent à des Armeniens pour aller negocier pour fon compte, *mais ce font des ouy dire*, dit la Lettre de Goujon du 15. Aouft 1670

** Prod. par les Direct. pard. M. Turgot, l'une au 4. fac cotte P. & l'autre au 2. fac, cotte H.*

D'où ils ont conclud que le Sr Marcara eftant convaincu d'avoir fait un negoce particulier, il doit eftre privé de fes appointemens, parce que, fupofent-ils, *par l'Acte*

F

*de son engagement il estoit nommement convenu qu'il n'en pourroit faire aucun à peine de perte de ses appointemens,* & c'est ainsi qu'ils croyent en avoir une Quittance.



Le Sieur Marcara répond en general, que tous ces faits ont esté publiez & pur-gez au grand Conseil par l'Arrest du 30. Mars 1680. parce que les Sieurs Directeurs en ayans formé le 31. chef de leurs accusations, * & le Sieur Marcara ayant esté envoyé absous de cette accusation par l'Arrest du grand Conseil du 30. Mars 1680. après avoir esté interrogé sur la sellette sur ce sujet, les Sieurs Directeurs sont non recevables à les proposer de nouveau.

Quoique cette réponse en general soit suffisante, neanmoins le Sieur Marcara qui ne paye personne avec une simple fin de non recevoir, & qui veut avoir la gloire de découvrir par tout l'imposture de ses Parties adverses, répondra en particulier

1° que dans l'Article 28. de son Interrogatoire pardevant Monsieur Turgot, il n'y a pas la moindre teinture de negoce particulier, *enquis si ça esté par l'avis du Comptoir de Massulipatan qu'il envoya son fils à saint Thomé pour acheter des Marchandises? A dit que ce fut par deliberation signée de luy & de Roussel, & qu'il fut baillé environ 9000. pagodes à sondit fils, dont partie estoit pour son compte.*

Ces mots *pour son compte* ont semblez équivoques aux Sieurs Directeurs; mais il est aisé d'éclaircir la surprise qu'ils veulent faire sur cela, parce que ces mots *pour son compte*, dans leur signification naturelle du style des interrogatoires, ne peuvent s'entendre que pour le compte du fils du Sieur Marcara, que si le Sieur Marcara répondant à l'Article qui luy estoit demandé eut avoué que partie estoit pour le compte de luy répondant, il auroit dit en parlant à Monsieur Turgot pour mon compte, & Monsieur Turgot auroit fait écrire pour le compte du répondant, tel est l'usage inviolablement observé pour éviter les équivoques, & pour rendre les réponses & leurs énonciations claires.

Mais le fils du Sieur Marcara ne faisoit aucun negoce particulier, non plus que son pere, & lorsque le Sieur Marcara a dit que *partie estoit pour son compte*, c'est parce que son fils luy avoit demandé permission d'achepter quelque chose pour son usage, ce qui neanmoins n'a jamais eu aucune execution, & non pas pour faire negoce; & quand bien même le fils auroit negocié pour son compte, il pouvoit le faire, puisqu'il n'estoit ni officier, ni engagé de la Compagnie, & par consequent avoit une pleine liberté.

2° Le Sieur Marcara a exactement rendu compte au mois d'Aoust 1670. de tout l'argent qui avoit esté donné à son fils pour aller à saint Thomé pour la Compagnie, aussi bien que de celuy qui luy avoit esté envoyé en ce pays là, & de l'employ qu'il en a fait, dans lequel même Goujon a passé au compte de la Compagnie la perte arrivée à saint Thomé de 8812. roupies. Ce sont des faits certains & veritables, &



dont les Sieurs Directeurs demeurent d'accord dans le fol. 4. recto de leur Requeste du 3. Aoust 1676. * & dans le fol. 19. verso de celle du 8. Juin 1682. ☛ dont les termes seront cy aprés rapportez; & quand les Sieurs Directeurs auront satisfait aux sommations que le Sieur Marcara leur a faites de representer le compte general du mois d'Aoust 1670 qui est pardevers eux, on trouvera qu'ils ont reçû pour environ 28000. roupies de Marchandises achetées à saint Thomé par le fils du Sieur Marcara, à quoy adjoûtant les 8812. roupies qu'il y a eu de perte, ces deux sommes reviennent environ à celle de 37000. roupies, leur pretendu extrait de 23400 roupies est donc infidel, & il est d'autant plus faux que les Sieurs Directeurs soûtiennent*



eux mêmes que les 9000. pagodes valans 33750. roupies données au fils du Sieur Marcara pour aller à saint Thomé estoient de la caisse de la Compagnie, ils conviennent encore, que depuis il luy fut envoyé audit saint Thomé en plusieurs fois une autre somme de 3765. roupies, ces deux sommes reviennent à celle de 37500. roupies, d'où il s'ensuit que leur pretendu extrait qui n'est que de 23400. roupies est manifestement faux.

3° Outre que les Lettres de Goujon & Martin ne disent rien, elles ne peuvent faire foy contre le Sieur Marcara, non seulement parce qu'ils estoient ses Parties adverses, mais encore parce que les Sieurs Directeurs s'en sont déja servis au Grand Conseil à leur desavantage.

Le Sieur Marcara observera en cet endroit, que si Goujou & Martin avoient écrit la verité, ils auroient mandé qu'eux mêmes avec les nommez Label, Niceron, Flacourt & la Serine faisoient un negoce particulier; c'est Caron Directeur general

qui s'en plaint dans la Lettre qu'il a écrite aux Sieurs Directeurs le 15. Fevrier 1671. * Voir ladite
* cy-devant cottée.

* Voir ladite Lettre prod. par les Sieurs

Directeurs pardevant Monsieur Turgot, au 4. fac. 19. piece. joint à l'Instance. En voicy les termes : *Nous vous avons aussi envoyé les papiers, lettres & comptes du particulier negoce que les Sieurs Frotté, Martin, Label, Niceron, Flacourt, la Serine & autres ont fait, chargeant au quart & au tiers de Marchandises pour leur compte, dans les navires de la Compagnie ; ce qu'ils ont fait l'année passée, Monsieur Goujon étant le Maistre.* C'est dans le temps que Goujon étoit en guerre civile avec le Sieur Caron, & qu'il avoit usurpé son autorité, ils firent si bien en sorte que je ne le pû sçavoir ni empêcher ; mais depuis que je me trouve en liberté, étant continué dans son employ, contre l'esperance de Goujon, qui vouloit le déposseder pour avoir sa place, j'ay bien trouvé les affaires de ces Messieurs...... *Je ne doutois nullement que j'attraperois une bonne partie d'or & d'argent du provenu de cent balles de marchandises, 50000 livres de poivre, & autant de riz, qu'ils ont envoyé & porté en Perse, pour leur compte particulier.*

On peut dire que cette Lettre *est probatio probata* contre tous ces particuliers, au lieu qu'à l'égard du Sieur Marcara, que les Sieurs Directeurs ont voulu accuser du même dessein qu'eux, ils n'ont pas trouvé dequoy soûtenir leur accusation, bien loin de l'en pouvoir convaincre. En effet on ne peut mieux connoître la pureté des actions du Sieur Marcara que par l'opposition de celles de ses ennemis, qui sont tombez dans la faute qu'on luy vouloit imputer, & dont il n'a jamais esté capable.

D'autre costé ( & l'on peut dire cecy surabondamment & sans consequence ) dans le traité * que le Sieur Marcara a fait avec la Compagnie, il n'y a pas une seule clause des deffenses à luy, de faire un negoce particulier : c'est un fait que les Sieurs Directeurs ont avancé contre la verité, il n'est pas vray non plus que lors qu'un Commis a esté convaincu d'avoir fait un negoce particulier, il ait esté chassé & privé de ses appointemens.

* Voir le traité du Sieur Marcara produit au 3. fac. cotte G.

Caron Directeur general negocioit pour son compte, il avoit fait apporter en France trois grands coffres remplis de Marchandises de grand prix & pour 50000. l. de diamans. Pocquet avoit apporté une grande balle de Marchandises, & cela n'a pas empêché que ces gens là n'ayent esté payez de leurs appointemens, au contraire non seulement ils ont esté ponctuellement payez de leurs appointemens, * mais de plus on leur a rendu leurs Marchandises.

* Cela paroît par les Registres de la Compagn. & par une Req. des Direct. du 3. Aoust 1676. prod. pardev. M. Turgot, au 2. fac. cotte M. joint à l'Instance.

Martin, cet excellent ministre des passions de Caron & Goujon que l'on a remarqué cy-devant esté convaincu d'avoir fait un negoce considerable pour son compte particulier, bien l'oin qu'on l'ait chassé & privé de ses gages qui n'estoient pour lors que de 1260. livres, on les luy a augmenté jusqu'à 4000. livres, & de simple Marchand il a esté fait Conseiller au Conseil souverain & Directeur general aux Indes.

Il faut donc convenir, que soit par le traité du Sieur Marcara, soit qu'il n'ait point fait de negoce particulier, soit même qu'on s'arreste aux exemples de ceux qui ont fait des negoces particuliers, en quoy il n'est point tombé ; il ne peut & ne doit point estre privé de ses appointemens : & si on regarde sa condition particuliere, ses souffrances, & son innocence, qui le relevent au dessus de tous les autres Officiers de la Compagnie, on doit conclure que ses appointemens luy sont bien plus justement deubs qu'à ceux qui ont fait des negoces particuliers, ausquels neanmoins ils ont esté payez.

## TROISIE'ME OBJECTION.

La troisiéme objection des Sieurs Directeurs, est de dire qu'aux termes du Reglement du 17. Novembre 1665. les Directeurs à Madagascar avoient pouvoir d'établir des Marchands, Sous-Marchands, Commis & autres bas Officiers, & que suivant l'Art. 31. de la declaration du mois d'Aoust 1664. il eut fallu des Provisions de Sa Majesté à la sollicitation de la Compagnie pour donner une place au Sr Marcara dans le Conseil souverain de l'Isle Dauphine, au lieu que le Sieur Marcara n'ayant rien de toutes ces marques, il y a preuve par des instructions du 6. Avril 1669. adressées aux Sieurs de Faye & Caron, que la Compagnie avoit improuvé le choix qu'ils avoient fait de la personne du Sieur Marcara, & qu'il luy avoit parû qu'en cette occasion, ils n'avoient pas eu assez d'égard aux avis qu'on leur avoit donné de Paris, lors que le Sieur Marcara partit pour les aller trouver, mais aussi qu'ils estoient excusables ; parce que le Sieur de Mondevergue Gouverneur de l'Isle Dauphine, qui vouloit favoriser le Sieur Marcara, s'estant arrogé toute l'autorité, de maniere que les Sieurs de Faye & Caron n'avoient que le nom de Directeurs, il faloit que toutes choses se fissent selon le dessein dud. Sr de Mondevergue, qui se servit de son credit pour avantager le Sr Marcara qui l'avoit mis dans ſes interſts, ſous la promeſſe qu'il luy fit de luy acheter à Golconde des gros diamans à vil prix ; d'où les Sieurs Directeurs ont con- clud que le Sr Marcara ne peut pas pretendre les appointemens d'un Conſeiller.

*Réponſes de Marcara.* Tous ces raiſonnemens ſont ſi déplorables, qu'ils ne peuvent preſque trouver d'excuſe.

1º Sans examiner d'abord l'autorité perſonelle que les Sieurs de Faye & Caron avoient en qualité de Directeurs generaux de la Compagnie, laquelle ils repreſen- toient, il ſuffit au Sieur Marcara qu'il ait eſté choiſi par la Compagnie, elle même aſſemblée à Paris le 13. Novembre 1666. & que la deliberation faite dans cette aſſem- blée, porte un pouvoir auſdits Sieurs de Faye & Caron de luy fixer ſes appointe- mens, & luy donner une qualité & un employ tel qu'ils le jugeront à propos ; il eſt

** Prod. au 4. ſac, cotte A.* prouvé par les 9. 10. & 14. Art. de l'interrogatoire ſuby * le 25. Novembre 1676. pardevant Monſieur Turgot de S. Clair, par Monſieur de Thou Preſident & Dire- cteur de la Compagnie ; que cette déliberation eſt enregiſtrée dans les Livres de la Com- pagnie, leſquels les Sieurs Directeurs n'ont jamais voulu repreſenter, nonobſtant les

** Prod. au 4. ſac, cotte A.* ſommations * a eux faites par le Sieur Marcara les 5. & 7. Aouſt 1682. Donc il eſt évident que ( ſans chercher le pretendu credit du Sieur de Mondevergue, dont il n'y a point de preuve ) que les Sieurs de Faye & Caron avoient tous les pouvoirs ne- ceſſaires pour placer le Sieur Marcara dans le Conſeil ſouverain de l'Iſle Dauphine, & pour le faire Directeur de tous les Comptoirs.

Mais pour eſtre entierement convaincu que les Sieurs de Faye & Caron, qui ont fait avec le Sieur Marcara, le traité du 14. Octobre 1667. n'ont fait en cela que ſuivre les ordres de la Chambre generale de Paris, il n'y a qu'à lire le 3. Article des Interrogatoires que les Sieurs Directeurs ont fait ſubir au Sieur Marcara au Grand Conſeil, cet Article porte, *s'il n'eſt pas vray qu'il a eſté envoyé à Madagaſcar par ordre de la Compagnie* ; à quoy on peut adjoûter encore ( ſurabondamment & ſans aucune approbation prejudicieble ) les depoſitions des témoins que les Sieurs Directeurs ont produit eux-mêmes au Grand Conſeil, contre le Sieur Marcara, leſquels unanime- ment depoſent * du pouvoir des Sieurs de Faye & Caron, & de l'établiſſement qu'ils

** Voir les dé- poſit. d'Adam prem. témoin, lequel dépoſe qu'il ſçait & a connoiſſance que le nommé Marcara pe- re a eſté en- voyé de Paris par les Dire- cteurs deſdites Indes Orien- tales,* donnerent au Sieur Marcara en vertu de ce pouvoir, de maniere que quand les Sieurs de Faye & Caron ont executé leur pouvoir en reglant avec le Sieur Marcara ſes appointemens, & luy donnant la qualité de Conſeiller au Conſeil ſouverain de l'Iſle Dauphine, avec l'employ de Directeur particulier ( non pas de Directeur general com- me ſupoſent les Sieurs Directeurs ) de tous les Comptoirs des Indes Orientales & de Perſe, on ne peut pas douter qu'ils n'ayent repreſenté en cela toute la Compagnie, qui leur en avoit envoyé ſa procuration, & qui ayant elle même le pouvoir de faire ces Reglemens d'appointemens, qualité & d'employ pour des gens qui eſtoient dans ſa dépendance, a pû tranſmettre ce pouvoir à qui bon luy a ſemblé, ſans même qu'il fut neceſſaire que ceux a qui elle le pouvoit donner fuſſent Directeurs generaux.

*à l'Iſle de Madagaſcar, où étoit pour lors le Conſeil ſouverain du Commerce deſdites Indes, & de ladite Iſle, pour y recevoir des emplois ſelon ſa capacité. Pocquet ſecond témoin : Dit luy qui depoſe qu'il a vû led. Marcara pere au Bureau de la Compagnie des Indes Orientales en cette ville de Paris en l'année 1666. ou 1667. pour y ſolliciter de l'employ, comme il croit ; comme en effet il en obtint, & partit de France ſur un vaiſſeau ; du nom il ne s'en ſouvient pas preſentement, & a fait ce voyage avec ledit Marcara, juſqu'à l'Iſle de Madagaſcar, où étant arrivé, il preſenta une Lettre de la Chambre de Paris aux Sieurs de Faye & Caron Directeurs de la Compagnie audit lieu de Madagaſ- car, laquelle marquoit auſdits Sieurs Directeurs de donner de l'employ audit Marcara, ſelon ſa capacité.*

2º Le Sieur Marcara paſſe plus avant, parce que non ſeulement les Sieurs de Faye & Caron avoient le plein pouvoir de la Compagnie, tant par l'Acte du 13. No- vembre 1666. que par les Lettres & ordres que le Sieur Marcara leur porta, mais encore eſtans Directeurs generaux de la Compagnie, ils euſſent pû de leur chef fai- re ces ſortes de Reglemens comme ils euſſent voulu, & particulierement remplir les places vuides ( le Sieur Marcara a eſté établi Conſeiller au Conſeil ſouverain de l'Iſle Dauphine, à la place du Sieur de Line Hollandois, qui en eſtoit auparavant rempli, & qui eſt decedé Directeur du Comptoirs de Bengale, pour lequel employ il avoit les mêmes appointemens que le Sieur Marcara, qui neanmoins eſtant Dire- cteur de tous les Comptoirs avoit bien plus d'occupation que luy ) & ce qu'ils euſ- ſent fait de cette maniere eût obligé toute la Compagnie, parce que leur qualité de Directeurs generaux les faiſoient conſiderer en deux façons, ou comme deputez de la Compagnie, ou comme aſſociez & part prenans dans la Compagnie, enſorte qu'en l'une ou l'autre de ces deux qualitez, ce qu'ils faiſoient, bien loin de pouvoir eſtre

improuvé

improuvé par la Compagnie, devoit eſtre au contraire neceſſairement par elle approuvé; y eſtant engagée par les qualitez qu'elle leur avoit données.

De prouver maintenant qu'ils fuſſent Directeurs generaux; cela eſt ſurabondant,
le Sieur de Faye eſt compris parmi les Directeurs generaux inſerez dans l'Article 52.
de la Declaration du Roy du 20. Mars 1665. * Et par le premier Article du traité que
le Sieur Caron a paſſé avec la Compagnie le 21. Juillet 1665. * il eſt dit qu'il ſera
un des Directeurs de la Chambre generale de Paris, & ce traité eſt ſigné par le Sieur
de Faye, comme eſtant Directeur general.

3°. La pretenduë inſtruction du 6. Avril 1669. ne regarde point le Sieur Marcara,
parce que quand il ſeroit vray, que non, que les Sieurs de Faye & Caron euſſent
failly & qu'ils n'euſſent pas eu aſſez d'égard aux avis qu'on leur avoit donné de Paris,
il faudroit ſe pourvoir contr'eux & non pas contre le Sieur Marcara, qui a traité
avec eux de bonne foy par l'ordre de la Chambre de Paris.

Il eſt vray qu'ils pretendent que le 11. Decembre 1666. on a écrit * aux Sieurs de
Faye & Caron *qu'on leur envoyoit Marcara, mais que l'on prit avec luy les meſures qu'il
faut prendre avec les étrangers.* Cette pretenduë Lettre peut d'autant moins eſtre objectée
au Sieur Marcara, qu'elle prouve perpetuellement qu'il a eſté remis aux Sieurs de
Faye & Caron pour le reglement de ſes appointemens.

4°. Le Sieur Marcara ne pretend rien & n'a jamais rien pretendu pour ſa qualité
de Conſeiller au Conſeil Souverain de l'Iſle Dauphine, qui eſt un titre d'honneur,
& non pas un titre lucratif. L'Article 31. de la Declaration du Roy du mois d'Aouſt
1664. porte que les perſonnes qui ſeront établies pour la Juſtice Souveraine *rendront
la Juſtice gratuitement*, & s'il l'a ſoûtenuë comme il a fait au Grand Conſeil, malgré
les conteſtations que les Sieurs Directeurs luy ont fait là-deſſus, ce n'a eſté que par
honneur. Ils accuſoient le ſieur Marcara d'avoir uſurpé ladite qualité & pour ſoûtenir cette accuſation, ils avoient produit ledit Reglement de 1665. & les pretenduës
inſtructions du 6. Avril 1669. * Enfin aprés toutes les conteſtations des parties ladite
qualité & celle de Directeur particulier de tous les Comptoirs des Indes Orientales
& de Perſe, pour lequel employ le ſieur Marcara demande ſes appointemens, luy ont
eſté confirmées par l'Arreſt contradictoire du Grand Conſeil, du 30. Mars 1680. depuis lequel les ſieurs Directeurs ayans encore voulu conteſter au ſieur Marcara leſdites
qualitez au Grand Conſeil, lors de la taxe des dépens, elles luy ont eſté derechef
confirmées par l'Arreſt contradictoire, du 20. Decembre 1681. * du conſentement
même des ſieurs Directeurs, exprimé dans une de leurs Requeſtes preſentée au Grand
Conſeil, le 28 Juillet 1681. * en ces termes : *Enfin les ſieurs Directeurs ſe font juſtice à
eux-mêmes, & ils la font auſſi audit ſieur Marcara, quand ils conſentent par leurdite
Requeſte que ledit appointement ſoit délivré aux qualitez portées en l'Arreſt diffinitif.*

Les ſieurs Directeurs ne peuvent pas dire que ces deux Arreſts ſoient *un coup de
l'autorité du ſieur de Mondevergue*, parce qu'il eſt certain que le ſieur de Mondevergue qui eſtoit mort quatre ans auparavant leſdits Arreſts, n'a jamais preſidé au Grand
Conſeil : Ils ne peuvent pas dire non plus que les Juges du Grand Conſeil, qu'ils
avoient choiſi eux-mêmes, ayent rendu ſes Arreſts en faveur du ſieur Marcara *pour
avantager un homme dont ils attendoient des diamans d'une prodigieuſe groſſeur & à bon
marché*, ( il en auroit fallu des chartées pour en donner à 60. Juges qui ont rendu
ces Arreſts ) ils n'oſeroient tenir ce langage, ils ont trouvé plus à propos de troubler
les cendres du ſieur de Montdevergue, qui eſtoit d'un merite diſtingué, & d'une probité connuë par toute la France; mais la Compagnie luy devoit 40000. écus; Les ſieurs
Directeurs pour s'empêcher de le payer ſe ſont aviſez de le couvrir d'injures & de
calomnies. Mais il eſt ſi peu vray ſemblable qu'il ait jamais rien entrepris contre les
ſieurs de Faye & Caron, & qu'il les ait forcé d'accorder au ſieur Marcara les qualitez
& appointemens qu'ils luy ont fixez, que les ſieurs de Faye & Caron, qui en cela auroient eſté les plus leſez, n'ont jamais fait aucune plaintes contre luy, mais au contraire ils ont toûjours écrit à ſa loüange.

Enfin le ſieur Marcara a traitté avec les ſieurs de Faye & Caron Directeurs Generaux, ſans que le ſieur de Mondevergue y eût aucune part, & lors que les ſieurs
Directeurs ont publié les mêmes faits aux Grand Conſeil, & qu'ils ont formé contre
le ſieur Marcara le neuviéme Chef de leurs accuſations * de cette pretenduë intelli-
gence avec le ſieur de Mondevergue & de la promeſſe de gros diamans, il s'en eſt
ſi bien purifié que par l'Arreſt du Grand Conſeil du 30. Mars 1680. il en a eſté renvoyé abſous, ce qui produit une fin de non recevoir inſurmontable & même honteu-

G


* Prod. au 6.
ſac, cotte B.
* La copie
collation. de
ce traité eſt
prod. au 6.
ſac, cotte B.

* Voir la pre-
tenduë lettre
du 11. Dec.
1666.

* Ces pieces
ſont énoncées
dans l'Ar. qui
ordonne re-
recollem. &
confront. pro-
duit. au 6. ſac,
cotte A.
*. Prod. au 1.
ſac, cotte C.
* La copie ſi-
gnifiée prod.
au 6. ſac, cot-
te B.

* Cela paroiſt
par l'Extr. cy
deſſ, cotté de
M. le Procur.
Gen. au Gr.
Conſ. prod. au
6. ſac. cot. F. &
par les Interr.

se contre les fieurs Directeurs,

On a mis en avant fur ce fujet que la Compagnie avoit declaré par un acte d'affem-blée du 26. Mars 1669. dans lequel le Caractere du fieur Marcara eftoit affez exprimé fans l'y nommer, qu'elle ne pouvoit approuver aucune des chofes faites par le Confeil Souverain de l'Ifle Dauphine, par contraventions aux Reglemens, Ordonnances & Inftructions qu'elle avoit envoyées fur les lieux, que cette deliberation avoit efté autorifée par Arreft du Confeil, du premier Avril 1669. & qu'enfin par un autre Arreft du Confeil du 12. Novembre 1670. ledit Confeil Souverain avoit efté fuprimé & les provifions qui en avoient efté expediées, revocquées; & c'eft ainfi qu'on veut que le fieur Marcara ne puiffe pas tirer avantage du Traitté du 14. Octobre 1667.





Ce qui eft ridicule & les fieurs Directeurs devroient avoir de la confufion de s'étendre fi fort fur cette hiftoire, non feulement parce que, comme il vient d'eftre obfervé, les mêmes chofes ont déja efté publiées au Grand Confeil, où les fieurs Directeurs avoient produit ces pretenduës pieces, * & que le Grand Confeil n'y a eu aucun égard, comme il fe voit par les Arrefts des 30. Mars 1680. & 20. Decembre 1681. mais encore cét Acte d'affemblée & ces Arrefts du Confeil du premier Avril 1669. & 12. Novembre 1670. ne peuvent pas eftre objectez au fieur Marcara qui n'y eft nommé, ny compris,& auquel ils n'ont point efté fignifiez, de plus il n'y pouvoit pas eftre nommé, puifque la Compagnie affemblée le 13. Novembre 1666. en plein Bureau à Paris, l'ayant choifi elle même, & par confequent le fieur Marcara ayant efté étably en vertu des Reglemens, Ordres & Inftructions que ladite Compagnie avoit envoyé aux fieurs de Faye & Caron,tout le refultat du 28. Mars 1669. ne le concernoit point non plus que les Arrefts des premier Avril 1670. il y a même une circonftance particuliere qu'il ne faut pas negliger; c'eft que l'Arreft du 12. Novembre 1670. eft pofterieur de deux mois à l'emprifonnement du fieur Marcara, & par confequent il ne peut rien avoir de commun avec luy.

Enfin le fieur Marcara n'a fait aucun traitté avec ledit Confeil Souverain, mais avec les fieurs de Faye & Caron Directeurs Generaux, l'Arreft du 12. Novembre 1670. fuprime à la verité ledit Confeil Souverain, mais ce n'eft que *ad futura negotia,* & non pas *ad preterita.* Les fupreffions n'ont point deffets retroactifs, & cet Arreft du Confeil du 12. Novembre 1670. ne revocque pas lefdits fieurs de Faye & Caron, avec lefquels le fieur Marcara à traitté, ny ce qui a efté par eux fait qui a toûjours fubfifté: ainfi le traitté du 14. Octobre 1667. doit avoir fon execution toute entiere.

## QUATRIE'ME OBJECTION.

Les fieurs Directeurs pour quatriéme Objection fe font reduits à dire, qu'au pis aller le fieur Marcara ne peut pretendre des appointemens fur le pied qu'ils luy ont efté accordez, & qu'ils efperent que le Confeil les luy reglera fur un pied fort moderé, eu égard & par proportion à ce qui eftoit accordé aux nommez Martin & Rouffel, qui eftoient fort mediocres, quoyqu'ils fuffent, felon eux, de la même categorie du fieur Marcara.



Mais aprés les Traittez des 13. Novembre 1666. & 14. Octobre 1667. il n'y a plus de Reglement à faire, *boni viri arbitrio,* pour les appointemens du fieur Marcara, il n'y a point non plus de comparaifon à faire entre luy & les nommez Martin & Rouffel, dont l'un avoit efté autrefois Vendeur d'Oranges & de Carpes à la Halle de Paris, & l'autre, un jeune étourdy & yvrogne, & tous deux gens également fans capacité ny experience, & qui n'avoient efté receus qu'en qualité de Soufmarchands ou de Marchands tout au plus, au lieu que le fieur Marcara eftoit Directeur de tous les Comptoirs des Indes & de Perfe, que fi les fieurs Directeurs pouvoient faire comparaifon du fieur Marcara avec quelqu'un, ce ne feroit pas avec ces petits particuliers, mais avec Caron, qui avoit 18000. liv. d'appointemens, * & ils trouveroient que la fixation des appointemens accordez au fieur Marcara, qui avoit beaucoup plus de capacité & d'experience que Caron, eftoit fort modique.



Enfin le Traitté du 14. Octobre 1667. eft la Regle & la Loy à laquelle il faut indifpenfablement s'attacher, puifque les parties s'y font volontairement foûmifes.

## CINQUIE'ME OBJECTION.

La cinquiéme Objection des fieurs Directeurs eft de dire, que le fieur *Marcara* pretend que ses appointemens doivent avoir cours depuis le 23. Decembre 1666. conformement à son Traitté d'engagement fait un peu auparavant ( le 13. Novembre 1666. ) qui porte que les appointemens luy seront payez du jour de son embarquement, mais il ne dit pas que luy même à dérogé à cette premiere stipulation, & qu'estant dit par le Traitté du 14. Octobre 1667. qu'ils luy seront payez à compter du premier desdits mois & an, il y a une novation, qui fait qu'ils ne peuvent plus estre demandez que du jour qu'il a esté convenu.

Cette Objection est si foible qu'elle ne merite presque point de réponse.



Premierement, le Traitté du 14. Octobre 1667. a sa relation necessaire à celuy du 13. Novembre 1666. de même qu'un Contrat a son rapport à la procuration sur laquelle il est passé; de maniere que les sieurs de Faye & Caron, qui ont fait le Traitté du 14. Octobre 1667. avec le sieur Marcara, n'estans que les Mandataires de la Compagnie, ils n'ont pas pû faire quelque chose de contraire à leur pouvoir contenu dans le Traitté du 13. Novembre 1666. qui est le veritable Titre du sieur Marcara, par lequel lesdits sieurs de Faye & Caron n'ont eû d'autre faculté que de fixer & regler la quantité des appointemens du sieur Marcara, & non pas le temps qu'ils devoient commencer à courir, parce qu'il estoit tout reglé par la Chambre Generale de Paris assemblée le 13. Novembre 1666. où tous les Directeurs ensemble sont precisément couvenus qu'il aura ses appointemens du jour de son embarquement en France, qui fut le 23. Decembre 1666.

Et en second lieu, puisque les sieurs Directeurs commencent par vouloir se deffendre sur le compte du temps des appointemens du sieur Marcara, c'est une marque qu'ils reconnoissent luy en devoir, & lorsqu'ils disent dans le fol. 5. v. de leur Requeste du 16. Janvier 1688. que le sieur Marcara *a derogé à cette premiere stipulation, & qu'il y a une novation* au Traité du 13. Novembre 1666. ils conviennent de l'existance dudit Traitté, qui est une deliberation prise par toute la Compagnie ledit jour 13. Novembre 1666. ce qui suffit pour maintenir tout ce qui a esté fait dans la veüe & en consequence dudit Traitté.

## SIXIE'ME OBJECTION.

Les sieurs Directeurs ont formé une sixiéme Objection qui est, que le sieur Marcara ayant esté interdit par Sentence de Caron du 14. Avril 1668. & ce jugement ayant esté confirmé par Arrest du Conseil du premier Avril 1669. qui casse l'Arrest du Conseil Souverain de l'Isle Dauphine du 7. Juillet 1668. qui rétablissoit le sieur Marcara, il ne peut se prevaloir du Traitté du 14. Octobre 1667. ou du moins que deduction doit estre faite sur ses appointemens de tout le temps qui a courru depuis le jour de cette pretenduë interdiction, jusqu'au jour de son rétablissement, ils ajoutent que l'Arrest du Conseil Souverain de l'Isle Dauphine du 7. Juillet 1668. estoit un coup de l'autorité de sieur de Mondevergue.

L'imprudence de ces propositions est extrème.



1. On ne peut pas deduire au sieur Marcara le temps de sa pretenduë interdiction, puisqu'il a esté rétably par le Conseil Souverain de l'Isle Dauphine.

2. Caron n'avoit aucun pouvoir de juger ny de prononcer une interdiction contre le sieur Marcara. On voit par l'Extrait du Journal * de Monsieur de l'Espinay Procureur General en ladite Cour, que ledit Conseil Souverain s'estant plusieurs fois extraordinairement assemblé pour examiner cette entreprise du sieur Caron, qui estoit partie, & qui s'estoit mêlé de faire l'office de Juge, il avoit cassé & annullé sa pretenduë Sentence du 14. Avril 1668. & l'avoit declarée *nulle injurieuse, tortionnaire, & déraisonnable*, par son Arrest du 7. Juillet 1668. * qui a prononcé le rétablissement du sieur Marcara & des autres y denommez, en toutes leurs charges, honneurs, privileges & appointemens.



3. L'Arrest du Conseil du premier Avril 1669. ne peut pas estre objecté au sieur Marcara, non seulement parce qu'il n'a pas esté rendu avec luy, ny à luy signifié, mais encore parce que les sieurs Directeurs n'ont jamais eu aucun dessein de s'en servir, ny de le faire executer. Ils ont payé tous les appointemens aux nommez Virsel, Rochet, Pocquet, la Rairie & du Clos interdits par la pretenduë Sentence de Caron, comme le sieur Marcara, & rétablis par l'Arrest du Conseil Souverain de même que le sieur Marcara. Il est vray que les sieurs Directeurs par leur Requeste du 3. Aoust 1676. * fol. 13. verso, disent que si la Compagnie a payé ces gens là, c'est qu'elle la bien voulu; mais le sieur Marcara leur répond que ce n'est pas seulement

parce qu'elle l'a bien voulu, mais parce qu'elle a reconnu que cet Arreft ne pouvoit la décharger ; car non feulement on ne peut pas prefumer naturellement de la liberalité aux fieurs Directeurs, *qui enim folvit non ita refupinus eft ut facile fuas pecunias jactet & in debitas folvat l. 28. ff. de probationibus;* mais de plus n'eftans que les Adminiftrateurs du bien de la Compagnie, il ne leur auroit pas efté permis d'eftre liberaux fans raifon.

4. Les Sieurs Directeurs n'avoient furpris ledit Arreft du Confeil du premier Avril 1669. à autre deffein que pour ménager l'efprit du fieur Caron qui leur avoit écrit le 28. Octobre 1668. une lettre * par laquelle page 7. il leur mande que l'Arreft du Confeil Souverain de l'Ifle Dauphine du 7. Juillet 1668. luy donne tant de chagrin que cela *feroit capable de confommer fon courage & fa fanté, fi ce n'eftoit l'efperance que fes affaires feront prifes d'une autre maniere auprés d'eux qu'elles n'ont efté à Madagafcar.*



La Compagnie ayant receu cette Lettre, & voulant donner à Caron quelque fatisfaction, furprit ledit Arreft du premier Avril 1669. non pas à deffein de le faire executer, mais feulement *pour guerir l'efprit du fieur Caron,* difent-ils dans une Lettre * qu'ils ont écrite au mois de Novembre 1669. au fieur de Faye.



5. Caron luy-même qui eftoit le plus cruel perfecuteur du fieur Marcara, a fi bien reconnu fon rétabliffement, & a fait fi peu d'état de fa pretenduë Sentence & de cet Arreft du premier Avril 1669. que pofterieurement audit Arreft il a écrit au fieur Marcara des Lettres * les 28. Aouft & 14. Octobre 1669. dont les propres termes ont efté cy-devant raportez en marge, par lefquelles il le congratule du bon fuccez de fon voyage & de la diligence qu'il fait pour avoir Audience du Roy de Golconde, approuvant fa conduite & le confiderant de la même maniere qu'il faifoit auparavant fa pretenduë interdiction.



6. Les fieurs Directeurs ayans formé au Grand Confeil contre le fieur Marcara, les 1. 2. 5. & 32. Chefs de leurs accufations * fur les mêmes Chefs que ceux de la pretenduë Sentence de Caron. L'infirmation en a efté fouftenuë & approuvée par l'Arreft du Grand Confeil du 30. Mars 1680. qui a renvoyé abfous le fieur Marcara fans avoir égard à cette pretenduë Sentence, ny à cet Arreft que les fieurs Directeurs avoient produits, & qui ont efté veus & examinez dans le temps du jugement du procez ; *a* enforte que c'eft mal à propos que les fieurs Directeurs viennent encore aujourd'huy calomnier le fieur Marcara avec cette pretenduë Sentence de Caron, puifque c'eft un procez criminel jugé deux fois à l'avantage du fieur Marcara, une fois au Confeil Souverain de l'Ifle Dauphine, & l'autre fois au Grand Confeil, fans qu'on puiffe dire que l'autorité du fieur de Mondevergue y ait parû



à l'Inftance, depuis l'art. 6. jufqu'à l'art. 12. & depuis l'art. 17. jufqu'à l'art. 47.     *a* Cela paroift par l'Arreft du Grand Confeil du 4. Fevrier 1679. qui ordonne recollement & confrontation, produit au 6. fac, cotte A. dans lequel cette Sentence & cet Arreft font enoncez.

## SEPTIE'ME OBJECTION

Il y a une feptiéme Objection des fieurs Directeurs, qui eft que le fieur Marcara doit eftre privé de fes appointemens depuis le mois de Novembre 1669. parce qu'ayant efté rappellé de Maffulipatan par deliberation du Confeil de Surate, avec ordre de laiffer la direction entiere de Maffulipatan au fieur Rouffel, & de luy remettre entre les mains les Marchandifes de la Compagnie, il a refufé ( à ce qu'ils fuppofent ) de revenir, & de fe rendre aux ordres de fes Superieurs.



Le Sieur Marcara s'eft juftifié de cette calomnie, comme de toutes les autres au Grand Confeil, & les fieurs Directeurs font non recevables à la propofer de nouveau, parce qu'en ayans compofé l'onziéme Chef de leurs accufations * contre le fieur Marcara, aprés interrogatoires, recollement & confrontation, & derechef interrogé fur la fellette fur ce fujet, il en a efté renvoyé abfous par l'Arreft du Grand Confeil du 30. Mars 1680.

Le fieur Marcara remarquera encore pour une preuve plus precife de la mauvaife foy des fieurs Directeurs que dans le fol. 8. verfo de leur Requefte du 16. Janvier 1688. ils fuppofent que le fieur Marcara a refufé d'obeïr à cet ordre & luy en font un crime, & dans le fol. 28. recto de la même Requefte ils luy font un autre crime d'avoir exucuté cet ordre trop ponctuellement, difant que le fieur Marcara *partit brufquement*

brufquement de *Maffulipatan*, *fous pretexte de venir par Golconde à Surate* : ce qui fait voir l'inégalité, ou pour mieux dire la contrarieté des mouvemens des fieurs Directeurs.

## HUITIE'ME OBJECTION.

Les fieurs Directeurs ont ajoûté pour huitiéme Objection, que quand le fieur Marcara ne devroit pas eftre privé de fes appointemens depuis le mois de Novembre 1669. à caufe du refus par luy pretendu fait de revenir à Surate, la procedure criminelle commencée contre luy le 21. Septembre 1670. à Maffulipatan eft une revocation des plus formelles, & une notification que la Compagnie n'avoit plus fes fervices pour agreables.

Le fieur Marcara répond que cette Objection n'eft qu'une continuation des dure-tez & des cruautez des fieurs Directeurs, & que l'emprifonnement fait de fa per-fonne le 21. Septembre 1670. n'eft point ny ne peut eftre une revocation reguliere, qui puiffe empêcher le cours de fes appointemens, parce que c'eft une injure & une violence qui luy a efté faite fans caufe, fans fujet, & par des gens fans caractere & fans autorité legitime, fans procedures & fans aucune forme de Juftice; & l'on fçait par une regle generale, dont les preuves font dans Baquet en fon Traité de droit de Juftice Chap. 17. n. 18. & dans Loüet & fon Commentateur lettre O. n. 1. & 2. que les deftitutions d'Officiers faites avec des claufes infamantes font nullés, comme il a efté jugé par plufieurs Arrefts, fur tout quand ils ne font point coupables. Ainfi les inhumanitez qui ont efté exercées contre le fieur Marcara ne peuvent point ope-rer une valable revocation. *Réponfes de Marcara.*

Les fieurs Directeurs conviennent qu'ils ont contrevenu aux Ordonnances & aux Loix; mais ils foûtiennent qu'ils ont eu raifon d'en ufer ainfi, & qu'en cela *il n'ont rien fait, que ce qu'on fait ordinairement pour empêcher l'évafion des coupables, & qu'on fcait,* difent-ils, *que les coupables reputeZ tels par la notorieté publique & ceux qui font pris en flagrant delit, font arrefteZ bien fouvent fans Decret.* *Suite des ob-jections des Directeurs.*

Mais ces raifonnemens font remplis d'abfurdité & d'impietez. *Réponfes de Marcara.*

1°. Le Sieur Marcara & fon Fils ne fe font point évadez, & n'en ont point eu la moindre penfée, & d'ailleurs, quand les fieurs Directeurs ont voulu leur imputer une évafion, ils en ont efté abfous par Arreft du Grand Confeil du 30. Mars 1680. il faut de plus remarquer que le petit Neveu du fieur Marcara, qui n'eftoit âgé que de quatre ans, eftoit incapable d'aucuns crimes & d'aucune évafion : ces violences n'ont donc pas efté exercées contr'eux *pour empêcher l'évafion des coupables,* puifqu'ils eftoient tous trois innocens.

2° Il eft prouvé par le propre Journal de Martin cy-deffus cotté, produit par les Sieurs Directeurs, que le Sieur Marcara fut arrefté enfuite du baptefme de fondit neveu, dont les ceremonies avoient efté differées : ce feroit affeurement vouloir abo-lir le Chriftianifme, fi fuivant le fentiment des Sieurs Directeurs, il eftoit permis de fe faifir de ceux qui font baptifer des enfans, comme pris en flagrant delit, & d'exer-cer contr'eux & contre les enfans baptifez autant de violences que les Sieurs Dire-cteurs ont exercées contre le Sieur Marcara & fon neveu qui venoit d'eftre baptifé. Les plus grands fcelerats du monde n'ont jamais parlé dans des termes fi impies : & l'on ne peut eftre affez furpris de ce que les Sieurs Directeurs, qui fçavent fi bien fe cacher fous le voile d'une devotion étudiée, fe foient laiffez emporter par leur paffion & avarice à proferer de femblables impietez.

A l'égard de la pretenduë procedure criminelle de Maffulipatan qu'ils alleguent, ils parlent toûjours comme s'ils pouvoient faire croire ce qui n'eft pas, le Sieur Mar-cara leur foûtient deux faits, l'un qu'il n'y a point eu de procedures criminelles con-tre luy à Maffulipatan, & l'autre qu'il n'y en pouvoit avoir. *Deux faits importans.*

Pour la preuve du premier fait, il ne faut que lire une Lettre de Martin du 21. Octobre 1670. produite par les Directeurs pardevant Monfieur Turgot de S. Clair au 4. fac. 19. piece conceuë en ces termes, *j'envoye le Navire, la Couronne avec tous les papiers concernans Marcara,* il eft conftant que s'il y avoit eu des procedures criminelles à Maffulliparan, les Sieurs Directeurs n'auroient pas manqué de les produire en mê-me-temps qu'ils ont produit 23. pieces, toutes en originaux que Martin leur avoit envoyées de Maffulipatan : cependant ils ne fe font avifez d'en parler que dix ans aprés, & les differentes manieres dont ils ont parlé font remarquables, à leur confu-fion. *Preuve du 1. qui emporte celle du 2.* *Narration importante pour cette preuve.*

H

Par leur Requeſte inſerée dans l'Arreſt qu'ils ont ſurpris le 27. Fevrier 1677. * ils ont ſoûtenu, que *les pieces dudit Procés eſtoient perduës par un naufrage arrivé ſur la cô-te de Portugal du vaiſſeau, ſur lequel le Sieur Caron l'un des Directeurs de la Compagnie faiſoit ſon rétour en France, qui apportoit avec luy leſdites pieces.*

En Aouſt 1679. le Procés criminel du Grand Conſeil preſt à juger au rapport de Monſieur de Maridat, comme il leur convenoit de le faire rapporter par Monſieur de Bernage, ils s'aviſerent pour en empêcher le jugement & le faire retomber entre ſes mains, de faire revivre ces pretenduës procedures criminelles de Maſſulipatan, il y avoit ſix ans que le Sieur Caron eſtoit pery, & que ces pieces imaginaires eſtoient au fond de la Mer: cependant les Sieurs Directeurs ne laiſſerent pas de vouloir per-



ſuader qu'ils avoient envoyé des gens pour les repêcher, on voit même dans l'Arreſt du Grand Conſeil du 30. Mars 1680. * qu'ils ont eu le front d'expoſer dans pluſieurs de leurs Requeſtes audit Grand Conſeil, que ces pretenduës pieces arriveroient bien toſt, & de demander un delay de trois mois, attendant qu'elles ſoient arrivées; mais le Grand Conſeil qui connoiſſoit leur artifice n'ayant point eu d'égard auſdites Re-queſtes, & le Procés eſtant ſur Bureau, ils ſe pourveurent au Conſeil d'Eſtat & ſur-prirent un Arreſt le 14. Septembre 1679. * qui leur accorde un delays de trois mois. Et le Sieur Marcara ayant remontré à Monſieur le Preſident Rebours que Monſieur de Bernage luy eſtoit ſuſpect, les Sieurs Directeurs ſurprirent un autre Arreſt * du Conſeil d'Eſtat le 26. Decembre 1679. portant que l'inſtruction dudit Procés crimi-nel ſeroit continuée par ledit Sieur de Bernage, tant en ſemeſtre que hors de ſeme-ſtre. Les trois mois expirez, les Sieurs Directeurs par Requeſte * du 5. Fevrier 1680. ont enfin produit au Grand Conſeil des pretenduës copies de ces pretenduës pieces ſubmergées.

Environ deux ans aprés, ayans trouvé à propos, par un rétour contraire à leurs premiers ſentimens, de dire la verité & de ſoûtenir qu'il n'y a point eu de procedu-res criminelles contre le Sieur Marcara à Maſſulipatan, ils ſe ſont ſervis de ces ter-mes dans le fol. 11. verſo Article 24. d'une addition de production qu'ils ont preſen-tée au Grand Conſeil le 5. Decembre 1681. * *Il ne ſe trouvera pas, diſent-ils, que leſ-dits Sieurs Directeurs ayent fait arreſter ledit Marcara Pere à Maſſulipatan, en vertu d'au-cun decret ou Ordonnance pour raiſon de l'Inſtance criminelle, laquelle n'eſtoit pas née ni intentée,* ils ajoûtent fol. 11. verſo Article 24. *quelque choſe qu'il puiſſe dire, il ne ſçau-roit juſtifier qu'il ait eſté arreſté pour le crime, ni en vertu d'aucun decret, par conſequent ſa detention n'ayant point eu pour cauſe & pour motif l'accuſation & le crime dont il a eſté abſous &c.*



Le Sr Marcara n'a donc point eſté pris en flagrant delit; il n'a donc point eſté arre-ſté pour le crime; il n'y a donc point eu de procedures criminelles à Maſſulipatan; comment donc les Sieurs Directeurs oſent-ils maintenant en alleguer aprés avoir ſoû-tenu le contraire?

Eſt-ce en effet une procedure criminelle que d'avoir, ſans information ni decret empriſonné le Sieur Marcara, ſon fils & ſon petit neveu âgé de quatre ans, leur avoir fait mettre les fers aux pieds, attaché enſemble à une barre de fer & les avoir expoſé tous nuds à toutes les injures de l'air & de la Mer, dans des cachots, ſans leur donner pour tout aliment que du biſcuit & de l'eau pendant 31. mois, & 21. mois au Port Loüis, ſans leur en expliquer les cauſes, ni les interroger?

Eſt ce une procedure criminelle que d'avoir fait ſigner au Sieur Marcara des pre-tendus comptes, le piſtolet ſous la gorge, lorſqu'il eſtoit dans les fers? ſi c'en eſt une, elle eſt bien extraordinaire, mais elle ne peut pas paſſer pour criminelle ni reguliere; auſſi ne le pouvoit-elle pas eſtre, & c'eſt l'autre fait qui vient à prouver

Pour faire une procedure reguliere, il faudroit qu'elle fut faite par des Juges qui en euſſent le Titre & qu'ils le tinſſent d'une perſonne legitime & qu'ils ne fuſſent point intereſſez. On ſçait que la Compagnie n'avoit point de tribunal à Maſſulipa-tan, ni de perſonnes capables de faire la fonction de Juges; Caron d'ailleurs par ſa commiſſion donne pouvoir à Goujon de faire rendre compte au Sieur Marcara pu-rement & ſimplement, ce qui a eſté executé au mois d'Aouſt 1670. & non pas de luy faire ſon Procés, parce qu'en effet cela n'eſtoit point en ſon pouvoir: c'eſt pour-quoy, aprés tout ce qui a eſté cy-deſſus remarqué, on ne peut pas diſconvenir que ces pretenduës copies alleguées par les Sieurs Directeurs ne ſoient des pieces fabri-quées aprés coup, dans leſquelles ils ont gardé ſi peu de vray ſemblance en les fabri-quant, qu'on ne ſçauroit les voir ſans s'eſtonner de ce que des gens qui ſont ſi fins

& si artificieux ayent observé si peu de formalité, en faisant des pieces, dont ils pretendent tirer tant d'avantage.

Ils élevent en Officiers, en Commissaires & en Juges tout ensemble des gens sans caractere, & dont les noms seuls sont reprochables.

Le premier de tous ces pretendus Magistrats qui a rempli ce pretendu Tribunal, selon les pretenduës copies des pieces que les Sieurs Directeurs ont faites, * c'est le nommé Deltor teneur de Livre de la Compagnie: il faut remarquer les fonctions qu'ils luy font faire.

* Ces pieces fabriqu. composoient le 5. sac du procez criminel joint à l'Instance.

Il paroît dans le fol. 1. recto du Journal de Martin cy-dessus cotté produit par les Sieur Directeurs, que ce Deltor a d'abord esté un des Archers qui ont arresté le Sieur Marcara le 21. Septembre 1670.

Ce même Deltor, selon les pieces des Sieurs Directeurs, a passé le lendemain 22. Septembre 1670. à la charge de Commissaire; parce qu'on pretend qu'il a interrogé le Sieur Marcara ce jour-là.

Dans les Informations qu'ils disent avoir esté faites les 25. & 30. dudit mois de Septembre 1670. ils font ce même Deltor témoin.

Et dans d'autres, qu'ils dattent des 9. & 10. Octobre 1670. on luy voit reprendre sa charge de Commissaire, & se faire en même temps Greffier.

Les Srs Directeurs produisent au premier sac, cotte N, une pretenduë Requeste presentée à Goujon contre le Sieur Marcara, où ils font ce même Deltor Procureur du Roy.

Ce même Deltor a fait le satellite en faisant signer au Sieur Marcara les pretendus extraits de Comptes du 22. Septembre 1670. le pistolet sous la gorge.

Il a fait encore un autre personnage en faisant le Notaire; parce qu'on pretend que c'est luy qui a collationné toutes ces belles pieces.

Si bien que c'est une chose merveilleuse de voir un même homme dans une même affaire & dans un même-temps representer tous ces personnages.

*Deltor, teneur de livres, Archer, Commissaire, témoin, & puis aprés encore Commissaire & Greffier, Procureur du Roy, satellite, Notaire, Juge & toûjours partie du Sr Marcara.*

On en voit un autre avec luy, appellé du Portail, qui a fait comme luy le Commissaire dans les pretendus interrogatoires du 22. Septembre 1670.

Et ensuite Greffier dans celui du 24. du même mois.

Dans les pretenduës informations des 9. & 10. Octobre 1670. il est tout à la fois Commissaire & témoin.

Il monte aprés cela au degré de Juge, dans les pretendus recollemens & confrontations du 19. Octobre 1670.

*Du Portail, Commissaire, Greffier, Commissaire & temoin, Juge & partie en même-temps & dans une même affaire.*

Il y en a un troisiéme qui est Thibeaudeau garçon Chirurgien, dont les actions ont esté presque toutes semblables aux autres; parce qu'on pretend qu'il a esté *Archer, Commissaire, temoin & partie* en même-temps & dans une meme affaire.

Il y en a encore un quatriéme qui est Jacques Colinet qui a fait, à ce qu'on pretend, les mêmes personnages que Deltor; c'est à dire *d'Archer, de Commissaire, de Greffier, de temoin, de Juge & partie* en même-temps & dans une même affaire.

Ces sortes d'irregularitez & de nullitez essentielles ont esté si bien connuës au Grand Conseil, que par l'Arrest du 30. Mars 1680. sans avoir égard à ces pretenduës procedures de Massulipatan, le Sieur Marcara a esté déchargé de tous les chefs d'accusations, dont les Sieurs Directeurs l'avoient voulu charger, & on ne voit pas comment ils ont la hardiesse aujourd'huy de les repeter.

Il est vray que pour faire valoir leur pretenduë procedure de Massulipatan, ils disent que le Sieur Marcara ayant presenté sa Requeste au Grand Conseil, par laquelle il avoit demandé d'estre reçû appellant de cette pretenduë procedure, tant comme de Juges incompetans qu'autrement, il en a esté deboutté par cet Arrest du 30. Mars 1680. & cela les fait hardiment conclure que cette procedure a effectivement esté faite, qu'elle est legitime & qu'ils peuvent en tirer telles inductions qu'il leur plaist dans la presente Instance.

Mais l'on ne doit pas s'étonner si le Grand Conseil a deboutté le Sieur Marcara de sa Requeste, afin d'estre reçû appellant comme de Juges incompetans de la procedure pretenduë faite à Massulipatan puisque.

*Raisons qu'il faut lire sur un des chefs de*

1° il faloit qu'il prenonçast ainsi; vû que le Sieur Marcara estant une fois ren-

l'Arr. du 30.
Mars 1680.

voyé abſous des accuſations à luy impoſées par les Sieurs Directeurs, cette abſolu-tion conſommoit tout, & il n'eſtoit plus beſoin de recevoir des appellations par un Arreſt qui jugeoit diffinivement que le Sieur Marcara eſtoit innocent.

2o Le Grand Conſeil en debouttant le Sieur Marcara de ſa Requeſte, a jugé que toutes ces pretenduës procedures de Maſſulipatan, pretenduës legaliſées par un Capucin ( ce qui eſt un prodige dans l'ordre de la Juſtice, qu'un Religieux ſe meſle de faire le Magiſtrat dans une affaire criminelle toute oppoſée à ſon miniſtere, & contre la diſpoſition formelle des Canons) n'eſtoient que des eſtres de raiſons, & qu'il n'eſtoit pas juſte d'en recevoir le Sieur Marcara appellant; parce qu'on ne doit pas appeller d'une chimere, ni de ce qui peut avoir eſté fait par des gens ſans caractere.

3o Ces pretenduës procedures ayans eſté jointes par les Sieurs Directeurs au Pro-cés criminel du Grand Conſeil, comme ſi elles en euſſent fait partie, & le Grand Conſeil ne les ayant conſiderées que par leurs nullitez, elles ne peuvent plus revivre contre le Sieur Marcara; mais elles peuvent bien ſervir contre les Sieurs Directeurs, qui les ont jointes, & qui ont voulu s'en aider

## NEUVIEME OBJECTION.

La neuviéme & derniere objection des ſieurs Directeurs, eſt de dire, que l'Arreſt du Grand Conſeil du 30. Mars 1680. a renvoyé à la verité le ſieur Marcara abſous, mais qu'il ne tient ſon abſolution que du deffaut qui s'eſt trouvé dans les preuves, parce que les Témoins avoient eſté aux gages de la Compagnie, & que s'il avoit paru tout à fait innocent, ſes Juges n'auroient pas reduit tous ſes dommages & intereſts aux ſeuls dépens, & que ſon fils, qui n'etoit pas accuſé de crimes ſi graves, ayant obtenu 4000 livres de dommages & intereſts outre les dépens, a eſté traité plus honorablement que luy. Ils ajoûtent, que ſous ces termes de dommages & intereſts, ſont compris les pertes du ſieur Marcara, & tout ce qu'il a manqué de gaigner, & par conſequent ſes appointemens; que la même choſe ſe trouve decidée ſur l'article 276. de la declaration des dépens faite en execution de cet Arreſt, parce que ſi le ſieur Marcara, aprés s'eſtre fait taxer une ſomme conſiderable pour chacun jour depuis le 21. Septembre 1670. obtenoit encore des appoin-temens, il ſe trouveroit que ſon temps luy ſeroit payé deux fois.

Réponſes de
Marcara.

Le ſieur Marcara répond, que l'Arreſt du Grand Conſeil du 30. Mars 1680. n'a point compris ny pû comprendre ſes appointemens, ſous l'adjudication des dépens pour tous dommages & intereſts, & l'article 276. de la declaration des dépens, ne peut pas non plus les comprendre, parce que dans le procez criminel jugé par cet Arreſt, il ne s'agiſſoit point des appointemens du ſieur Marcara, qui faiſoient partie des demandes civiles por-tées par ſa requeſte du cinq Mars 1676. & lors que le ſieur Marcara a voulu faire juger leſdites demandes civiles au Grand Conſeil, les ſieurs Directeurs luy ont fait ſignifier

*Voir led. Ar.
du 12. Fevrier
1678. prod. au
3.ſac, cotte B.

un Arreſt du Conſeil d'Enhaut du 12. Fevrier 1678. * rendu ſur leur ſeule requeſte, por-tant qu'il ſeroit inceſſamment procedé au Grand Conſeil à l'inſtruction & jugement dudit procez criminel, & juſques à ce ſurſis à toutes pourſuites civiles.

Par cet Arreſt les demandes civiles du ſieur Marcara ont eſté diſtinguées & ſeparées d'avec ſon procez criminel ſur la requiſition & l'aveu des ſieurs Directeurs, qui depuis cet Arreſt ont fait évoquer & retenir au Conſeil Privé, par les Arreſts des quatre May & ſept Decembre 1680. leſdites demandes civiles, comme n'ayans point eſté confonduës dans l'Arreſt du Grand Conſeil du 30. Mars 1680. qui d'ailleurs ne parle que des dépens, c'eſt à dire des ſimples procedures faites pour le procez criminel, ce qui a eſté ſuivi par l'executoire deſdits dépens, dans lequel on ne peut pas dire que les appointemens du ſieur Marcara ſoient meſlez, parce qu'il n'y a rien de ſi different que la demande des ſejours à celle des appointemens; les ſejours ſont pour la dépenſe journaliere de la per-ſonne, & les appointemens ſont la recompenſe du merite de la perſonne, à cauſe des ſervices qu'elle peut rendre & qu'elle auroit effectivement rendu, ſi elle n'en avoit eſté empêchee. Et cette difference eſt ſi veritable, que dans le quatriéme article du Traité *

* Voir ledit
Traité prod.
au 3. ſac. cot-
te G.

que le ſieur Marcara a paſſé avec la Compagnie le 14 Octobre 1667. la Compagnie luy a accordé 600.liv. par mois pour ſes appointemens, & par le cinquiéme article il a eſté expreſſément ſtipulé qu'il ſeroit nourry avec ſes domeſtiques aux dépens de la Com-pagnie, ce qui peut ſe rapporter aux ſejours, & cela ſuffit pour faire voir la difference d'entre les ſejours & les appointemens.

Obſervat.
importantes

Et pour prouver encore mieux que les ſejours du ſieur Marcara ( ſelon les ſieurs Di-recteurs) ont eſté pris pour ſes nourritures ſans y avoir confondu ſes appointemens, c'eſt qu'on qu'on voit dans l'Arrest du Grand Conseil du 20. Decembre 1681. * rendu sur la taxe des dépens, que les sejours du sieur Marcara, dont les sieurs Directeurs font tant d'exageration, ayans esté reduits à cent sols par chacun jour, quoy qu'on eust deub luy taxer dix livres, comme il a esté cy-devant remarqué, les sieurs Directeurs ont si bien reconnu eux mêmes que les cent sols par jour taxez au sieur Marcara pour ses sejours, estoient simplement pour sa nourriture, qu'ils ont fait deduction sur ces cent sols de six sols huit deniers par chacun jour, depuis le 21 Septembre 1670. jusqu'au quatre Fevrier 1675. pour le biscuit & l'eau, avec quoy ils l'avoient nourry sur la mer pendant trente-deux mois, & pour ses nourritures qu'ils luy avoient avancées au Port Louis pendant vingt-un mois lors de sa detention; il faut donc convenir de la difference toute entiere des sejours d'avec des appointemens.

*Voir ledit Arrest prod. par les Directeurs au 1. sac, cotte C.*

Il faut encore distinguer les dommages & interests resultans d'un procez criminel d'avec ceux qui peuvent proceder des demandes & pretentions civiles. Ceux du procez criminel du sieur Marcara ont pû estre arbitrairement jugez au Grand Conseil, parce qu'il ne s'agissoit pas des pertes souffertes par le sieur Marcara, faute d'avoir touché ses appointemens, & faute d'avoir joüy & pû disposer des 6000 liv. & 1500 liv. que la Compagnie luy doit, c'étoient des contestations à juger separément, & ausquelles le Grand Conseil ne pouvoit pas toucher & n'a pas effectivement touché, suivant l'Arrest du Conseil d'Etat du 12. Fevrier 1678. rendu sur la requeste seule des sieurs Directeurs, sans qu'elle ait esté communiquée au sieur Marcara qui n'y a point esté appellé. Mais pour entendre encore mieux que le Grand Conseil n'a point touché aux demandes civiles du sieur Marcara, il ne faut que lire une requeste que les sieurs Directeurs ont presentée au Conseil le 29. Septembre 1680. * *En effet, disent-ils à l'article 3. il n'y a rien de plus constant que le procez d'entre les parties n'a rien de commun avec le criminel, qu'il n'y a que celuy cy qui jusqu'à present ayt esté instruit & jugé; que l'autre est demeuré indecis sans aucune instruction. Ils ajoutent à l'article 8. Que l'instruction s'est faite ensuite au Grand Conseil par interrogatoires, recollement & confrontation, en execution d'un Reglement à l'extraordinaire. & lors que les dits Marcara ont voulu enveloper quelques demandes civiles, il a esté rendu un autre Arrest par Votre Majesté le douze Fevrier 1678 de deffense (l'Arrest porte surseance & non pas deffense) au Grand Conseil d'en connoistre, luy ayant seulement permis de juger le procez criminel. Enfin l'instruction faite & parachevée, quoy que tres imparfaitement, à la requeste du Procureur General audit Grand Conseil, est intervenu un dernier Arrest ( c'est l'Arrest du 30. Mars 1680.) qui a terminé ledit procez criminel, mais qui n'a point du tout touché au civil directement ny indirectement en quelque sorte & maniere que ce soit.*

*Autres observat. import. sur les dommages & interests.*

*La copie signi. de cette Req. est prod. au 4. sac, cotte D.*

Comment donc les sieurs Directeurs osent-ils avancer aujourd'huy que l'Arrest du Grand Conseil du 30. Mars 1680. a prononcé sur les appointemens, sur les dommages & interests civils du sieur Marcara, aprés avoir soûtenu le contraire posterieurement audit Arrest?

Quant à leur calomnie ordinaire que le sieur Marcara n'a pas paru tout à fait innocent, cela ne vient pas du deffaut qui s'est rencontré dans les preuves, ny de ce que les Témoins avoient esté aux gages de la Compagnie, ny de quelques formalitez, puis que ce pretendu deffaut n'a pas empêché que le sieur Marcara n'ayt esté interrogé, confronté, & derechef interrogé sur la sellette sur tout ce que ces Témoins avoient dit, mais son absolution est venüe de son innocence & des pieces qu'il a produites pour la justifier, par lesquelles il a fait voir que tout ce que ces Témoins avoient dit contre luy estoient des faussetez; & si le Grand Conseil a fait quelque difference entre le sieur Marcara & son fils, en ce qu'il n'a adjugé au sieur Marcara que les dépens pour tous dommages & interests, & qu'à son fils il luy a adjugé une somme de 4000 liv. pour ses dommages & interests outre les dépens; en voicy la raison, qui d'elle même est assez claire. C'est que le Grand Conseil voyoit que la demande des dommages & interests du sieur Marcara, surcise par l'Arrest du Conseil d'Etat du 12. Fevrier 1678. devoit estre jugée par un Arrest à rendre aprés celuy du 30. Mars 1680. & d'autre costé le fils du Sr Marcara n'ayant pas esté dans les mêmes engagemens que son pere, avec la Compagnie, n'étant pas entré dans les mêmes pertes que luy, n'étant pas non plus partie dans l'instance civile pendante au Conseil Privé, il luy falloit des dommages & interests separez de ceux de son pere, & même il les falloit fixer, puisque ceux de son pere ne le pouvoient pas estre que par un Arrest separé à rendre aprés celuy du 30. Mars 1680. par lequel il n'étoit permis au Grand Conseil que de juger les accusations des sieurs Directeurs; d'où il faut conclure, que bien loin qu'on puisse faire un crime au sieur Marcara de

*Autres observat. sur l'Ar du Gr. Cons, du 30 Mars 1680.*

ce qu'on ne luy a adjugé que les dépens pour tous dommages & interests, & qu'on a adjugé à son fils une somme de 4000 liv. outre les dépens, on doit au contraire faire état de son innocence comme de celle de son fils, de laquelle ses Juges ont esté convaincus, puis qu'ils l'ont renvoyé absous comme son fils, parce qu'il y a une autre instance civile qui doit luy faire avoir ses dommages & interests, ses appointemens, &c.

<table><tr><td>Reflexion.</td><td>

Mais si surabondamment on fait reflexion sur la conduite des Sieurs Directeurs, on trouvera qu'ils ont tres-bien reconnu que le Grand Conseil par l'Arrest du 30. Mars 1680. n'a point prononcé sur les appointemens, sur les dommages & interests, & sur les autres demandes civiles du Sieur Marcara : car si cela estoit, que non, ledit Arrest leur seroit avantageux, & ils auroient eu grand tort d'user de tant d'artifices pour ôter au Grand Conseil, qui estoit tout instruit, la connoissance de ces differens, & de se pourvoir au Châtelet, comme il a esté cy-devant remarqué, au prejudice de l'Arrest du Conseil d'Etat du 27. Février 1677. * qu'ils avoient surpris eux-mêmes, & qui avoit renvoyé au Grand Conseil les Parties & tous leurs differens tant civils que criminels, avec deffense de se pourvoir ailleurs qu'audit Grand Conseil. Ils avoient choisi le Grand Conseil, ils devoient donc s'y tenir, puisqu'il avoit rendu un Arrest qu'ils pretendent leur estre si favorable: mais ils ont bien preveu que le Grand Conseil, qui estoit instruit de toute l'affaire, auroit tout aussi-tost adjugé au sieur Marcara ses conclusions civiles ; & ils ont craint que la grande connoissance que l'on avoit dans ce Tribunal de leur mauvaise foy, n'accelerât leur condamnation, c'est ce qui les a porté à passer par dessus la deffense de Sa Majesté, & à depaïser les demandes civiles du sieur Marcara.</td></tr></table>

* Voir led. Arest du 27. Fevr. 1677. prod. au 3. sac, cotte B.

Conclusion.

Il est donc constant que le Grand Conseil n'a point touché, ny pû toucher aux demandes civiles du sieur Marcara, ny par consequent à ses appointemens, pour le cours & la durée desquels depuis le 23. Decembre 1666. jusqu'à une actuelle satisfaction, il ne faut faire que trois Reflexions.

La premiere, sur ce que le sieur Marcara a esté arresté violemment, sans cause, sans sujet & sans autorité legitime ; ce n'estoit en effet ny pour dette, ny pour crime.

Si c'eût esté pour dette, il eût fallu des Titres, & s'il avoit deub quelque chose, il y a preuve au fol. 5. recto du Journal de Martin * produit par les sieurs Directeurs que les sieurs *Milordelbaky*, le *Chabandar*, ou Prevôt des Marchands, & le *Serfamet*, ou l'Intendant de la Province, *promettoient & s'obligeoient de payer à la Compagnie tout ce que ledit sieur Marcara devoit, & qu'ils feroient en sorte qu'il donneroit toute sorte de satisfaction*; mais que *Monsieur Goujon fit réponse qu'il n'y consentiroit jamais, & qu'il mourroit plûtôt que de relâcher de ce qui estoit raisonnable & juste, & qu'il s'agissoit en ce rencontre de l'honneur du Roy de France*. Ce sont les propres termes de ce Journal, qui prouve que le sieur Marcara ne devoit rien à la Compagnie, & n'estoit point arresté pour dette, parce qu'autrement on n'eût pas manqué d'accepter & recevoir la caution qui estoit bonne & seure.

* Journal de Martin, cy-dessus cotté, prod. par les Srs Direct. pardev. Monf Turgot, au 4. sac. 9. piece, joint à l'Inst. La copie collat. dud. Journal, sur laq. le Sr Marcara a cotté les endroits dont il se sert, est aussi prod. au 3. sac, cotte H.

Ce Milordelbaky est un riche Marchand Persan qui avoit pour lors deux Navires à la Rade de Massulipatan, où il en devoit encore arriver quatre autres tous à luy appartenans, & il y a preuve par le même Journal de Martin que ce Milordelbaky estoit amy de la Compagnie & dudit Martin, qui en parle en ces termes dans le fol. 8. verso dudit Journal, *Milordelbaky a aussi envoyé & a fait dire à Monsieur Martin que tout ira à son contentement, & que quand à ce qui dependoit de luy, il n'avoit qu'à luy faire connoître s'il avoit besoin d'argent, il luy en presenteroit*. Il adjoûte fol. 9. recto. *J'ay envoyé chez Milordelbaky luy dire s'il ne pouvoit pas nous vendre un câble, il m'a envoyé une Lettre addressante à ses gens à Narserapour pour ouvrir son Magazin aux Officiers de la Couronne, pour y prendre cordages & autres necessitez.*

Ce Milordelbaky estoit donc un homme riche, & qui ne cherchoit que les occasions de rendre service à la Compagnie ; cependant quand il veut payer tout ce que le sieur Marcara peut devoir, on répond qu'on mourra plûtôt que d'y consentir. Il faut donc conclure, selon les propres pieces des sieurs Directeurs, que le pretexte de l'emprisonnement du sieur Marcara n'a point esté pour dette : En effet, il ne devoit que 4522. liv. pour le reliquat de son Compte general arresté au mois d'Aoust 1670. & la Compagnie luy devoit dans ce temps-là 27000. liv. pour ses appointemens depuis le 23. Decembre 1666.

Il n'estoit pas non plus arresté pour crime, parce que si cela eût esté, il eût fallu une information legitiment faite & un Decret en bonne forme ; mais on a remarqué cy devant que les sieurs Directeurs avoient soûtenu eux-mêmes dans le fol. 11. recto article 24. d'une addition de production presentée au Grand Conseil le 5. Decembre 1681. * qu'il ne se trouvera pas que lesdits sieurs Directeurs ayent fait arrester ledit Marcara pere à Massulipatan en vertu d'aucun Decret ou Ordonnance pour raison de l'Instance criminelle, laquelle n'estoit pas née ny intentée, & qu'ils avoient adjoûté au fol. 11. versò article 26. que quelque chose qu'il puisse dire, il ne sçauroit justifier qu'il ait esté arresté pour le crime, ny en vertu d'aucun Decret, par consequent sa detention n'ayant point eû pour cause & pour motif l'accusation & le crime, dont il a esté absous, &c.

Les Sieurs Directeurs sont donc tombez dans le cas des Loix de vi privata, & des Ordonnances qui deffendent d'exercer tant de violences sans pouvoir legitime.

La seconde reflexion est, sur ce qu'en nulle maniere le sieur Marcara n'a esté revocqué par la Compagnie, au contraire il a esté retenu comme un domestique pendant quatre ans & demy sans sujet, ny même de pretexte, sans l'accuser, ny luy rien demander pendant tout le temps qu'il a esté prisonnier sur la mer & au Port Loüis, & dans la suite, sa detention ayant esté jugée sans raison, il faut qu'on luy paye ses appointemens, & ses dommages & interests separement, comme deux choses distinctes; parce que ses appointemens luy estans deubs aussi bien que la restitution de ses hardes & de la somme de 1500. liv. de Bebert, il s'ensuit que les miseres qu'il a souffert, faute d'en estre payê luy ont causé des dommages & interests qui luy sont deubs, comme estans des effets d'une cause fort juste.

La troisiéme reflexion, est sur ce que non seulement la Compagnie a regardé le sieur Marcara comme estant encore à son service dans sa prison du Port Loüis, en payant, * quoyque mediocrement, ses nourritures, medicamens & pensemens des playes que ses fers luy avoient faites, mais encore il est certain qu'aux termes de l'Arrest du 2. Janv. 1675. le sieur Marcara a esté prisonnier jusqu'à l'Arrest du 30. Mars 1680. Il n'a donc pas tenu à luy qu'il n'ait rendu ses services a la Compagnie, mais le dol & la fraude viennent des Directeurs de la Compagnie, qui en ont tres-mal usé avec luy jusqu'à present, & dont la force majeure l'a mis hors d'état de continuer ses travaux; c'est vis major cui resisti non potest, & c'est ainsi que la Loy 28. Cod. eod. & les Loix 15. §. 2. 25. §. 6. & autres ff. eod. doivent estre entenduës.

Enfin depuis l'Arrest du Grand Conseil du 30. Mars 1680. les sieurs Directeurs ayans saisi mal à propos entre leurs mains plus de 20000. liv. qu'ils luy doivent de liquide pour les dépens à luy adjugez au Grand Conseil, luy faisans des demandes injustes, & refusans de luy payer ce qu'ils luy doivent. On voit bien que ce sont des empêchemens qui ôtent au sieur Marcara la liberté de travailler; c'est pourquoy les sieurs Directeurs ne peuvent pas se dispenser de luy payer pendant tout ce temps là ses appointemens, avec dommages & interests, puisque tous saisissans, qui n'ont pas droit de saisir sont condamnables aux dommages & interests.

## SECOND CHEF.

*Touchant les 6000. liv. pour les Hardes, Pourcelaines, or & argent monoyé (+) autres effets enlevez au Sieur Marcara, lors de son emprisonnement.*

Ce Chef se prouve par la narration fidelle que le sieur Marcara a fait de toutes les violences qui ont esté exercées contre luy, depuis le 11. Septembre 1670. jour de son emprisonnement fait par les ordres du sieur Caron, qui l'a fait arrester sans aucune forme de justice & luy a fait enlever en même temps tous ses effets, qui sont demeurez dans la disposition entiere de Goujon & de ses adherans, qui n'en ont fait aucun inventaire, & le sieur Marcara qui a droit de les repeter, s'est restraint à la somme de 6000. liv. ne pouvant estre revocqué en doute, qu'une personne comme luy n'en eût au moins pour cette somme, qui même est tres-modique eu égard à sa qualité.

Quoyqu'il en soit: Goujon & ses Ministres n'ayans point fait faire d'Inventaire des effets du sieur Marcara dans le temps de son emprisonnement, il est dans le cas de la Loy 4. §. 1. & 4 de la Loy 5. & de la Loy penultiéme ff. de in litem jurando, par toutes lesquelles les Jurisconsultes sont d'accord que ob dolum adversarii in litem juratur, in instrumentis enim quæ quis non exhibet actori permittitur in litem jurare, quanti sua interest ea proferre ut tanti condemnetur reus. En sorte qu'outre la presomption naturelle & de droit, qui milite en faveur du sieur Marcara pour l'enlevement de ses effets, puisqu'on a bien enlevé sa personne & celles de son Fils & de son Neveu sans forme

* La cop. collat. de cette addit. est produite au 4. sac cotte D.

* Cela paroît par la Quitt. des nommez Fournier Chirurg. & Lambert Aubergigiste au Port-Loüis, pr. au 6. sac, cotte C *Reflex. surabondantes.*

*Preuve des effets enlevez au Sr Marcara par les Offic. des Direct.*

ny figure de procez, avec une precipitation égale pour les perfonnes comme pour les effets, il y a lieu de determiner encore cette prefomption à une preuve parfaite par le moyen du ferment qu'on peut defferer au fieur Marcara ; cela eft non feulement du principe & de la doctrine établie par les Loix préalleguées, mais encore cela eft de l'ufage, felon la doctrine de Me Charles du Moulin, fur le §. 9. de la Coûtume de Paris, qui eftoit le 6. de l'ancienne, Glof. 6. n. 30. où il decide que *qui non facit id, ad quod fcit vel fcire debet fe teneri, ratione officii, five publici five privati, eo ipfo eft in dolo faltem prefumpto, unde eo ipfo convincitur de dolo, ficut non faciens inventarium & propter dolum & difficultatem probationis, tenetur ad omne id, quod intereft declarandum per juramentum in litem veritatis, quod defertur adverfario per Judicem*, & fe fonde fur les Loix cy-devant citées.

En effet cette penfée de du Moulin eft facile à expliquer contre les Sieurs Directeurs, en ce que Caron, Goujon, Martin, Deltor & autres, qui ont mal à propos ordonné & executé l'emprifonnement du Sieur Marcara, de fon fils & de fon neveu, & fe font emparez de fes biens, fçavoient bien, ou devoient fçavoir qu'ils eftoient neceffairement obligez de faire des inventaires exacts, fidels & authentiques, avec des parties legitimes de tous les effets enlevez, afin de les reftituer au Sieur Marcara ; & ne l'ayant pas fait, & par ce moyen ayans commis un dol puniffable qui met le Sieur Marcara hors d'eftat d'avoir des preuvres liquides de la qualité & quantité des effets enlevez, le veritable remede pour le Sieur Marcara eft de luy deferer le ferment *in litem* pour obtenir la condamnation de tout ce qui luy a efté enlevé, & comme il a declaré par toutes fes écritures faites depuis qu'il eft en France, dont la premiere eft fa Requefte du 5. Mars 1676. que pour les effets à luy enlevez, il fe reftraignoit à la fomme de 6000. livres, il eft jufte qu'on l'en croye, felon la penfée de du Moulin cy-deffus rapportée, & celle d'Imbert dans fa pratique liv. 1. cap. 53. nom. 7. & 8. & de Guenois au même endroit fous la lettre I.

*Interefts de la fomme de 6000 l. dûs à Marcara.* Il eft pareillement jufte que les interefts de cette fomme foient accordez au Sieur Marcara depuis le jour de l'enlevement, qui eft le 21. Septembre 1670. parce que c'eft *quanti fua intereft* & qu'il s'agît icy *de damno vitando & de confervando*, que d'ailleurs fes effets eftoient des biens qui luy produifoient *lucrum jam radicatum quod amittendo damnum eft*, comme dit du Moulin fur le § 13. de l'ancienne Coûtume de Paris, qui eft le 20. de la nouvelle, *Glof.* 2. *num.* 1.

## PREMIERE OBJECTION.

La premiere objection que les Sieurs Directeurs ont formé contre cette demande, eft de dire que depuis l'Arreft du Confeil d'Eftat du 12. Fevrier 1678. le Sieur Marcara ayant prefenté des Requeftes & des inventaires au Grand Confeil, dans lefquels il a traité de cette demande ; on pouroit dire que l'Arreft dudit Grand Confeil du 30. Mars 1680. a prononcé fur ladite fomme de 6000. livres, & qu'elle eft comprife dans les dépens adjugez au Sieur Marcara pour tous dommages & interefts, & qu'ainfi le Sieur Marcara en a efté tacitement debouté.

*Réponfes de Marcara.* Mais ce raifonnement des Sieurs Directeurs eft fi dépourvû de bon fens, que la feule lecture de cet Arreft fuffit pour y répondre, parce que non feulement il n'y eft pas dit un feul mot de la fomme de 6000. livres : mais encore le Grand Confeil n'y pouvoit pas prononcer, puifque c'eft un chef des demandes civiles du Sieur Marcara portées par fa Requefte du 5. Mars 1676. que les Sieurs Directeurs ont fait eux-mêmes diftinguer d'avec le Procés criminel, par l'Arreft cy-deffus cotté, qu'ils ont furpris au Confeil d'Eftat le 12. Fevrier 1678. & qu'ils ont fait évoquer & retenir au Confeil Privé, depuis ledit Arreft du Grand Confeil du 30. Mars 1680. par lequel il n'eftoit permis que de juger les accufations des Sieurs Directeurs, & ce qui eftoit pur criminel, fans pouvoir toucher au Civil.

D'ailleurs c'eft contre la verité que les Sieurs Directeurs ont avancé que le Sieur Marcara a traité de cette demande au Grand Confeil, pofterieurement à l'Arreft de furceance du 12. Fevrier 1678. le contraire paroift par toutes fes Requeftes & écritures qu'il a prefentées audit Grand Confeil depuis cet Arreft, dans lefquelles on voit qu'il s'eft expreffement refervé fes demandes & pretentions civiles, & ne s'eft étendu que fur fa juftification contre les accufations des Sieurs Directeurs.

## SECONDE OBJECTION.

La feconde objection des Sieurs Directeurs confifte en une repetition de leur ancienne

cienne calomnie, difans que le Sieur Marcara avoit détourné avant fon emprifonnement, non feulement fes propres effets, mais encore ceux de la Compagnie. Le
Firman qu'il avoit obtenu du Roy de Golconde: Quatre montres à Boëtes d'or appartenantes à la Compagnie & plufieurs papiers, d'où ils ont conclud que le Sieur
Marcara ne peut pas demander une fomme de 6000. livres pour fes effets enlevez;
& c'eft ainfi qu'ils pretendent fe difculper de l'enlevement qu'ils en ont fait.

Mais comme ils ont avancé la même chofe au Grand Confeil, le Sieur Marcara
s'eft purgé de cette calomnie, & a fait voir d'un cofté le pillage de fes effets, & fon innocence de l'autre; parce que les Sieurs Directeurs ayans formé le 27. chef de leurs
accufations * de ce pretendu divertiffement d'effets, papiers, Firman & montres à
boëtes d'or, il en a efté renvoyé abfous par l'Arreft du Grand Confeil du 30. Mars
1680. & par confequent la repetition des Sieurs Directeurs eft inutile: & ce qui eft
de remarquable, c'eft que la preuve de l'enlevement des effets du Sieur Marcara fe
rencontre dans les propres pieces des Sieurs Directeurs, & quoy qu'ils ayent voulu dire qu'il en a efté fait un inventaire. & que cela eft ainfi écrit dans le Journal
de Martin; neanmoins non feulement ils ne reprefentent point ce pretendu inventaire, mais encore il eft conftant que le Journal de Martin ne pouvant pas fervir de
preuve pour eux, il eft feulement utile au Sieur Marcara pour montrer que l'enlevement de fes effets & de fes papiers a efté fait, & non pas pour juftifier qu'il y ait
eu un inventaire qu'on ne reprefente point.

Enfin les Sieurs Directeurs fe font avifez de dire depuis peu, que ce pretendu inventaire a efté perdu, il faut voir fi cette nouvelle invention eft appuyée de quelque
vray femblance: ils ont produit 23. pieces toutes en originaux de Maffulipatan: ils
ont produit ledit Journal & les deux pretendus comptes qu'ils ont fait figner au Sieur
Marcara le piftolet fous la gorge, en même temps que ce pretendu inventaire a efté
fait : ils ont encore produit plufieurs autres pieces qu'ils ont crües bonnes pour
perfecuter le Sieur Marcara; ils n'en ont pas perdu une, il n'y a que ce pretendu
inventaire qu'il ne fe trouve pas; parce que s'il y avoit eu un inventaire dans les formes, des effets & papiers du Sieur Marcara, il auroit fervi à l'éclairciffement de la
verité, & les Sieurs Directeurs n'auroient point eu de moyens pour continuer leurs
perfecutions depuis fi long temps.

Il eft vray que Martin a écrit dans fondit Journal, & que les témoins dans leurs
depofitions, ont dit que le Sieur Marcara n'avoit pas beaucoup d'effets dans fon appartement lorfqu'il fut arrefté: mais on ne doit pas s'en étonner, puifque ces mêmes témoins ( fans approuver les repetitions que les Sieurs Directeurs en ont fait )
demeurent d'accord dans leurs depofitions, citées par les Sieurs Directeurs, que
ce font eux mêmes conjoinctement avec ledit Martin, qui ont enlevé les effets du
Sieur Marcara ; ainfi pour pretendre s'excufer de leur vol, & de crainte qu'on ne les
obligeaft à reftitution, s'imaginans même détourner en quelque façon toutes les autres confequences qu'on peut tirer contr'eux de cet enlevement precipité & violent
d'effets & de papiers, ils fe font avifez de dire qu'ils n'y avoit pas grand chofe, &
que leur pretendu inventaire eftoit perdu.

Mais pour détruire entierement la calomnie des Sieurs Directeurs, fi furabondamment & fous les mêmes proteftations, on examine ce que ces témoins ont dit, on
trouvera qu'ils on dépofé non feulement contre la verité, mais encore contre le bon
fens, les Sieurs Directeurs pour appuyer leurdite calomnie dans leur Requefte
du 16. Janvier 1688. ont rapporté entr'autres la depofition du 5. témoin, qui dit que
*le Gouverneur fit rapporter à la loge par le fils de Marcara le Firman du Roy de Golconde
& quatre montres à boëtes d'or qui eftoient en ville.*

Il eft prouvé par le Journal de Martin cy-deffus cotté, que le fils du Sieur Marcara avoit efté fait prifonnier en même-temps que fon pere, & qu'il eftoit gardé de
même que fon pere, il ne pouvoit donc pas rapporter ce Firman & ces montres à
boëtes d'or, que l'on pretend qui eftoient en ville, & qui neanmoins eftoient dans
fon appartement.

On paffe plus avant, on a remarqué cy devant qu'au mois de Fevrier 1670. le
Sieur Marcara avoit reçû deux Lettres * dattées d'un même jour deux Novembre
1666. que Caron luy écrivoit à deffein de le furprendre, par l'une defquelles il luy
ordonnoit de revenir à Suratte & de laiffer le Sieur Rouffel à Maffulipatan, pour chef
du Comptoir, & de luy remettre entre les mains toutes les Marchandifes de la Compagnie, & par l'autre ledit Caron luy ordonnoit de demeurer à Maffulipatan, la ré-

K


Réponfes de Marcara.

* Cela paroift par l'Extr. de M.le Pr.Gen. au Gr. Conf. prod-au 1.fac, cotte F.& par les art. 132. & 135.des Inter-rogat. du Sr Marcara.

Suite de l'objecT des DirecTeurs.

Suite des Réponfes de Marcara.

* Prod. l'une au proc.crim. 1.fac, joint à l'Inft. & l'au-tre au 4. fac, cotte C. de la prefente Inft.

*Prod. au pro
cez crimin. 1.
fac, joint à
l'Instance.

ponfe que le Sieur Marcara fit le 15. Fevrier 1670. * à celle-là ( à laquelle il fe crut eftre d'autant plus obligé d'obeïr, qu'elle eft fignée dudit Caron, de Goujon, de Martin & autres, & que celle. cy eft fignée de Caron feulement ) dit entr'autres chofes en ces termes, *puifque vous dites avec tant de marques d'amitié que je fuis utile au Comptoir où vous eftes, je m'y rendrai en bref avec tout l'honneur & la gloire qu'on peut efperer, bien que les doubles tours de fineffes de Monfieur Caron me donnent affez de lieu pour m'empecher d'y revenir: mais comme mes deffeins & mes intentions font juftes & avantageufes pour les interefts de la Compagnie, j'y comparoiftrai avec generofité fans craindre la vielle rancune & les vieux fers, dont mondit Sieur Caron m'a fi fort tourmenté injuftement, lefquels je garde comme une chofe precieufe & fuis tout preft de les rapporter, au cas qu'il fouhaite me traiter pour une feconde fois de la même maniere, & que fi j'eftois criminel, ne croyez pas, Meffieurs, que j'euffe la volonté d'y retourner & que j'ay fort bien les moyens de me vanger d'un particulier fans intereffer le bien de la Compagnie, lequel je maintiendrai toûjours preferablement aux miens. Suivant l'ordre de voftre miffive je ne manquerai de laiffer Monfieur Rouffel pour chef de ce Comptoir &c.*

* Dans leur
libelle impri-
mé, page 7.

Les Sieurs Directeurs difent * qu'en ce temps là le Sieur Marcara avoit entre les mains 250000. livres de l'argent de la Compagnie. Or s'il avoit eu le deffein d'emporter le bien de la Compagnie, il eftoit le maiftre de l'executer pour lors, puifqu'il eftoit libre & fans contrainte: mais tout au contraire, il donna des nouvelles marques de fa fidelité & de fon zele pour le fervice de la Compagnie, il remit entre les mains de Rouffel les Marchandifes de Maffulipatan, on voit par une Lertre du 27. May 1670. du Sieur Fourmentin Commis de la Compagnie, & par une autre Lettre

*Ces 2.Lettr.
font prod. au
proc. crim. 1.
fac.

du même Rouffel du 13. Juin 1670. * que le Sieur Marcara fit remettre entre les mains dudit Fourmentin les Marchandifes qu'il avoit fait acheter à faint Thomé par fon fils pour les conduire à Maffulipatan fans rien payer: *ce qui ne peut fervir qu'à l'avantage du Sieur Marcara*, dit la Lettre de Rouffel, *& le rendra glorieux & recommandable auprés de Meffieurs de la Compagnie.*

Conclufion.

Aprés cela tombera-t il fous le fens commun que le Sieur Marcara eût voulu détourner quatre montres de peu de valeur, un Firman dont il n'auroit pû tirer aucun avantage, luy qui eftoit le maiftre d'emporter des fommes confiderables, & s'il n'avoit pas efté innocent, feroit-il demeuré à la difcretion de fes ennemis ? n'auroit-il pas mis bien pluftoft fa perfonne en feureté que des montres & des papiers, puifqu'elle luy eft bien plus chere que fes biens & fes papiers?

## TROISIE'ME CHEF.

### *Concernant la fomme de 1500. livres pour la faifie faite fur Behert.*

Ce chef fe doit regler de la même maniere que le precedent par plufieurs raifons.

La premiere eft que dés le 13. May 1669. le Sieur Marcara a fait faire une faifie entre les mains de Caron pour feureté de cette fomme de 1500. livres, en confequence d'un Arreft du Confeil fouverain de l'Ifle Dauphine, ce que la Compagnie pouvoit devoir à Bebert jufqu'à concurrence de cette fomme; & comme affeuremment dans le temps de cette faifie, elle eftoit debitrice à Bebert de fommes confiderables outre fes gages, fuivant ce que Caron a témoigné en approuvant & acceptant cette faifie: il faut neceffairement que les Sieurs Directeurs payent prefentement au Sieur Marcara ladite fomme de 1500. livres, parce qu'il n'ont pas pû vuider leurs mains au prejudice de fa faifie.

La feconde raifon eft que la Compagnie eft refponfable des faits de fes Commis & Prepofez, principalement dans des affaires qui concernent leur commiffion, comme eftoit celle d'entre le Sieur Marcara & Bebert, qui a efté condamné à la fomme de 1834. livres pour la valeur des effets qu'il avoit enlevé mal à propos au Sieur Marcara, lors de fon premier emprifonnement fait par les ordres du Sieur Caron Directeur general, & par confequent la Compagnie eft obligée d'indemnifer le Sieur Marcara de cette dette. C'eft le fentiment de tous les Jurifconfultes dans le Titre du *ff. nautæ. Caupon. ftabul. l. 3. § 4. & l. 7. eod.* parce que *debet exercitor omnium fervorum fuorum factum præftare*, & Godefroy fur cette Loy a remarqué que *etiam Magiftratus ratione familiæ fuæ factum præftat*, & fe fert pour appuyer fon opinion de plufieurs Loix *de exercitor. & inftitor.*

La troifiéme raifon eft que les interefts de ladite fomme de 1500. livres font deubs au Sieur Marcara auſſi bien que le principal, à compter du 13. May 1669. jour de la ſaiſie, parce que la Compagnie a retenu dés ce temps-là cette ſomme que Caron Directeur general, qui repreſentoit la Compagnie, pouvoit & devoit payer au Sieur Marcara, aprés avoir agréé ſa ſaiſie, autrement il ſe trouveroit que la Compagnie auroit mal à propos voulu profiter de ladite ſomme de 1500. livres, au deſavantage du Sieur Marcara, ce qui ne ſeroit pas juſte.

## OBJECTIONS.

Les Sieurs Directeurs objectent que le Sieur Marcara n'a point de titre, qu'il doit mettre deffunt Bebert en cauſe & luy communiquer la ſaiſie, & puis qu'ils répondront qu'ils ne doivent rien à Bebert.

Le Sieur Marcara répond 1º qu'il a pour titre l'Arreſt du Conſeil ſouverain de l'Iſle Dauphine du premier Aouſt 1668. * qui condamne Bebert.

2º. Caron a approuvé la ſaiſie du Sieur Marcara, & a conſenti qu'il fût payé de ladite ſomme de 1500. livres ſur les quinze mil roupies appartenantes audit Bebert, qui eſtoient entre les mains de Madodas Courtier de la Compagnie, * qui depuis en a rendu compte à la Compagnie, en conſequence de ce que Caron les avoit fait ſaiſir entre les mains dudit Courtier.

3º Bebert eſtant decedé, on ne le peut plus mettre en cauſe.

4º. Ils ne ſeroient pas même recevables, ( rebus integris ) de ſe pretendre décharger par une ſimple affirmation de ne devoir rien à Bebert, non ſeulement à cauſe des approbations poſitives de Caron qui ſont toutes contraires à cela, & de la regle qui veut qu'un Maître ſoit reſponſable de ſon Commis ou Facteur, mais encore parce que Bebert ayant eſté Commis de la Compagnie, & par conſequent ſon créancier preſumé pour les frais & ſalaires de ſa Commiſſion. Outre les 15000. Roupies de queſtion, ce ſeroit aux ſieurs Directeurs à prouver de quelle maniere ils ont eſté acquittez de cette dette qui eſt neceſſaire & privilegiée, & pour laquelle le ſieur Marcara créancier de Bebert eſt ſubrogé en ſa place.

Les ſieurs Directeurs ont adjouſté que ſuivant l'Article 11. de la Declaration du mois d'Aouſt 1664. les gages des Officiers de la Compagnie ne peuvent pas être arrétez pour quelque cauſe & occaſion que ce ſoit.

Mais cette Declaration ne porte pas permiſſion aux Officiers de la Compagnie de ſe voler les uns les autres; elle ne dit pas que lors que le voleur aura pris la fuitte la Compagnie s'emparera des effets qu'il n'aura pû emporter, ſans que celuy qui a eſté volé puiſſe demander d'être indemniſé. Il eſt prouvé par une Lettre * que le ſieur Caron à écrite le 9 Janvier 1669. aux ſieurs Directeurs, que Bebert aprés avoir enlevé les effets du ſieur Marcara, deſerta le ſervice de la Compagnie & ſe retira à Daman chez les Portugais : aprés ſa deſertion le ſieur Caron s'empara de ce qu'il avoit dans ſa Chambre, on y trouva une partie des effets qu'il avoit enlevé au ſieur Marcara, pour la valeur de trois cens ſoixante & tant de livres, le ſieur Caron les luy fit rendre * & il en fit la deduction ſur leſdites 1834. liv. De plus on trouva qu'il avoit mis en dépoſt entre les mains du nommé Madodas Courtier de la Compagnie une ſomme de quinze mil Roupies à luy appartenantes en propre, & c'eſt ſur cette ſomme que le ſieur Marcara a fait ſaiſir entre les mains du ſieur Caron, qui luy-même l'avoit fait ſaiſir entre les mains du Courtier; & Caron a ſi bien reconnu que cette Declaration du mois d'Aouſt 1664. ne pouvoit être objectée au ſieur Marcara, qu'il a conſenty & approuvé qu'il fut payé de ce qui luy eſtoit deub par ledit Bebert ſur ladite ſomme de 15000. Roupies, & luy a donné Acte le 13. May 1669. de ſes proteſtations que ladite ſomme de 15000. Roupies ne pouroit être diſcutée ſans que le Sieur Marcara y ſoit bien & deüement appellé.

## QUATRIE'ME CHEF,

### Touchant les dommages & intereſts du Sieur Marcara.

Il n'eſt pas neceſſaire d'examiner icy la preuve de ces dommages & intereſts dans le fait, parce qu'il paroîſt aſſez que le Sieur Marcara n'ayant point eſté payé de ſes appointemens depuis un grand nombre d'années, & n'ayant point joüy de ſes effets qui luy ont eſté enlevez, & qui dans la joüiſſance qu'il en auroit eu ( ſans parler des violences qui luy ont esté faites ) auroient pû faire des profits considerables : outre les interests, il a souffert de tres-grandes pertes que les sieurs Directeurs sont obligez de reparer, & ces pertes sont des dommages & interests que Ragueau dans son Indice a definy *damna, dispendia, viatica quæ plerumque improbus litigator infert adversario præter sumptus & expensas litis.* Et Guenois sur Imbert à l'endroit cy-dessus cotté les entend de cette maniere, & les applique sur tout contre celuy qui occupe & retient par force les biens appartenans à un autre suivant la Loy 2. *in princip.* & §. 2. & la Loy 4. 5. 6. *ff. de vi bonor. raptor. & de turb.* dans lesquelles le Jurisconsulte raporte l'Edit du Preteur, qui dit, *Si cui dolo malo hominibus coactis damni quid factum esse dicetur, sive cujus bona rapta esse dicentur, in eum, qui id fecisse dicetur, judicium dabo, item si servus fecisse dicetur, in dominum judicium noxale dabo.* Ces textes sont formels & se rapportent parfaitement à l'espece presente, parce que,

1. Il paroist assez que les dommages & interests sont des pertes distinguées naturellement & necessairement des frais d'un procez & des interests ordinaires prefinis par les Ordonnances.

2. Il est suffisamment prouvé que les effets du sieur Marcara ont esté enlevez de force & sans forme de justice, ny aucun Inventaire dans le même-temps que sa personne, & celles de son Fils & de son Neveu ont esté arrestées, & qu'ainsi le sieur Marcara est justement aux termes des Loix qui viennent d'être citées.

3. Quand on ne considereroit tous ces particuliers qui ont executé ces emprisonnemens & enlevemens, que comme domestiques de la Compagnie ( qui est la maniere avec laquelle on les doit envisager, puisqu'ils n'ont fait en cela que les personnages que Caron Directeur general leur a commandé de faire) la Compagnie est veritablement tenuë de leurs faits, *Et si servus fecisse dicetur, in dominum judicium noxale dabo.*

 Les sieurs Directeurs n'ont rien objecté à cette nemande, parce que sans doute ils n'ont point de bonnes raisons; ainsi leur silence doit passer pour un veritable acquiescement, & l'on doit bien croire qu'eux, qui inventent des suppositions, plûtost que de demeurer sans rien dire, n'auroient pas oublié de parler à leur ordinaire, s'ils avoient eû quelque chose à proposer contre ce Chef, qui est important.

## TROISIEME ET DERNIERE PARTIE.

### *Demandes & pretentions des Sieurs Directeurs.*

COmme le sieur Marcara a bien voulu établir & prouver la justice de ses demandes, il croit à propos de faire paroistre maintenant l'injustice de celles des sieurs Directeurs.

#### PREMIERE DEMANDE DES SIEURS DIRECTEURS
de la somme de 23744. livres.

Les Sieurs Directeurs disent que lorsque le Sieur Marcara presenta son compte de Caisse, il estoit redevable de la quantité de 17068. Roupies, qu'il arresta ce compte le 22. Septembre 1670. & que le même jour il arresta un second compte, par lequel, y compris ledit debet du compte de Caisse, il se trouva encore debiteur de 15829. Roupies, valans à raison de 30. s. chacune monoye de France 23744. liv. dont ils demandent le payement avec les interests depuis le jour qu'ils supposent que le sieur Marcara les a retenu.

 Le sieur Marcara répond, que comme il avoit rendu son compte general au mois d'Aoust 1670. & que par ce compte il estoit redevable de la somme de 4522. liv. il n'en a point presenté ny pû presenter d'autres; ceux mêmes que les Sieurs Directeurs produisent, qu'ils dattent du 22. Septembre 1670. n'ont point d'apparence, & pour peu qu'on fasse de reflexion sur le procedé violent avec lequel le sieur Marcara a esté traitté, on verra bien qu'il n'estoit pas en état de presenter ny d'arrester des comptes ce jour-là, puisqu'il estoit *in vinculis,* à la discretion de ses ennemis & entre leurs mains ; c'est pourquoy tout ce qui a esté exigé de luy le 22. Septembre 1670. & tous les autres jours qu'il a esté en prison ne peut estre de nulle consequence, *qui in carcerem quem detrusit, ut aliquid ei extorqueret, quidquid ob hanc causam factum est, nullius momenti est l. 22. ff. quod met. cau.* ce qui se rapporte à la Loy 9. *ff. ex quib. cau. major, &c.* où les Jurisconsultes parlans également des prisons publiques, & des

particulieres

particulieres ou privées, sont tous d'accord que ce qui a esté fait par un homme emprisonné avec celuy qui l'a fait mettre prisonnier, ( quand il seroit même son créancier legitime, & quand l'emprisonnement seroit juste) ne peut rien valoir. Godefroy dans ses notes sur ces Loix, faisant l'application de ces mots *ut aliquid ei extorqueret*, dit : *puta liberationem vel syngrapham*, ce qui se rapporte fort juste aux pretendus comptes du 22. Septembre 1670. qui sont sous sein privé, & sur ceux-cy : *nullius momenti est*, il en rend la raison, *Quia ultra debita pecunia quantitatem extorsit, vel debitorem in privatum carcerem injuria & dolo malo conjecit, omnis enim transactio, promissio, conventio, traditio in carcere facta improbatur, quod is qui in carcere detinetur, omnia metu facere presumatur & ipse carcer metus justus sit.* Ce qui s'accommode parfaitement à l'espece presente, puisque le sieur Marcara estoit prisonnier dans la Maison de la Compagnie, & qu'il avoit esté arresté par des gens sans caractere & sans autorité, & que tout cela s'est fait suivant les ordres du sieur Caron, qui n'avoit aucun pouvoir pour faire emprisonner le sieur Marcara.

Cette réponse en general pourroit être suffisante au sieur Marcara, mais pour être entierement convaincu de la mauvaise foy des sieurs Directeurs, de leurs cruautez & de leurs malices, il prouvera sur le fait desdits comptes du 22. Septembre 1670. *Autres deff. en particulier, par 4. propositions.*

1. Que c'est une chose jugée au Grand Conseil par l'Arrest du 30. Mars 1680. à l'avantage du sieur Marcara.

2. Que le sieur Marcara a rendu son compte general au mois d'Aoust 1670. par lequel il n'est redevable que de 4522. livres.

3. Que lesdits pretendus comptes du 22. Septembre 1670. ont esté fabriquez sans la participation du sieur Marcara, & qu'on les luy a fait signer par force & le pistolet sous la gorge.

4. Que le sieur Marcara a signé un autre compte le 30. Septembre 1670. par lequel il n'est redevable que de 4522. liv. conformement au compte general du mois d'Aoust precedent.

Ce sont quatre propositions qu'il est necessaire d'éclaircir separement pour faire voir combien cette pretention des sieurs Directeurs est injuste.

## PREMIERE PROPOSITION.

*La pretention des Sieurs Directeurs de 23744. livres est jugée au Grand Conseil par l'Arrest du 30. Mars 1680. qui a renvoyé le Sieur Marcara absous du crime que lesdits Sieurs Directeurs luy avoient imposé pour raison de ladite somme de 23744. livres.*

Les Sieurs Directeurs n'ayans aucun sujet, pour exercer tant de violences contre le sieur Marcara, se sont avisez de luy faire signer ces pretendus comptes du 22. Septembre 1670. le pistolet sous la gorge, après l'avoir emprisonné, afin d'avoir un pretexte pour l'accuser lorsque son innocence viendroit à paroître devant quelque Puissance. *Preuve de la prem. proposition.* En effet après quatre ans & demy de captivité, son innocence estant venuë à la connoissance du Roy, & Sa Majesté voulant luy rendre la justice qui luy est deüe, ils commencerent de l'accuser : & l'on voit par leur Requeste inserée dans l'Arrest du Conseil d'Estat du deuxiéme Janvier 1675. & par celles inserées dans dans les Arrests * Prod. au 3. sac. cotte B. des 27. Février 1677. & 12. Février 1678. aussi bien que dans toutes leurs écritures au Grand Conseil, que ces pretendus comptes du 22. Septembre 1670. ont toûjours esté le fondement de leurs accusations. Ils ont fait interroger le sieur Marcara sur lesdits comptes aux Articles 131. 161. 162. & 163. des interrogatoires qu'il a prêté au Grand Conseil depuis lesdits Arrests du Conseil des 27. Février 1677. & 12. Février 1678. En sorte que ce n'a jamais esté chez eux une pretention civile, puisqu'ils l'ont convertie en crime, & qu'elle a fait le 28. Chef de leurs accusations, comme il paroist par l'Extrait * de Monsieur le Procureur General au Grand Conseil, intitulé, * Prod. au 6. sac, cotte F. ( *Charges suivant les Chefs d'accusations contre Marcara pere, tirez des témoins.* ) Parce qu'ils ont pretendu que le sieur Marcara avoit fait un divertissement de ladite somme de 23744. liv. qu'ils ont mis parmy les autres, sous le Titre d'*Aveu de Marcara sur les divertissemens des deniers de la Compagnie.* Et par Arrest dudit Grand Conseil du 4. Février 1679. * sur le veu desdits pretendus comptes du 22. Septembre 1670. * La copie signifiée de cet Arr. est prod. que les sieurs Directeurs avoient produits, comme des preuves litterales du pretendu divertissement des deniers de la Compagnie, il a esté ordonné recollement & con-

L

au 6. fac, cot. te A.

frontation. Enfin le fieur Marcara s'eft fi bien purifié de cette calomnie, & a fi bien juftifié qu'il avoit rendu fon compte general au mois d'Aouft 1670. & que ces comptes du 22. Septembre 1670. avoient efté exigez de luy par force & le piftolet fous la gorge, qu'aprés information, interrogatoires, recollement & confrontation, & avoir fuby fur le fait defdits comptes l'interrogatoire fur la fellette, par l'Arreft du Grand Confeil du 30. Mars 1680. il a efté renvoyé abfous de cette accufation & de toutes les autres que les fieurs Directeurs luy avoient impofées; d'où il faut neceffairement conclure qu'au moyen de cette abfolution, les fieurs Directeurs ayans pris la voye extraordinaire pour parvenir à cette injufte pretention, & ces pretendus comptes du 22. Septembre 1670. qui eftoient nuls d'eux mêmes, & qui faifoient neanmoins les Titres de leurs fauffes accufations, ayans efté derechef annullez par l'Arreft du 30. Mars 1680. ils ne font pas recevables à prendre la voye civile & ordinaire pour former des demandes fur lefdits pretendus comptes, qui font abfolument aneantis.

Ces confequences font fi certaines, que les fieurs Directeurs n'ont pû y répondre, ce qui fait un grand argument pour le fieur Marcara.

Aprés ces fins de non recevoir victorieufes, le fieur Marcara n'auroit pas befoin de s'expliquer davantage fur tous les comptes de l'année 1670. parce que du moment qu'on luy en a fait un crime, & qu'il en a efté renvoyé abfous, *non bis judicatur in idem,* il n'eft pas permis de luy en faire un nouveau procès. Cependant ( par furabondance de droit, & fous les proteftations qu'il fait de ne point déroger à fes fins de non recevoir) il achevera de prouver les trois autres propofitions qu'il a cy-devant avancées touchant lefdits comptes.

## SECONDE PROPOSITION.

### *Le Sieur Marcara a rendu fon compte general au mois d'Aouft 1670.*

L'idée principale & la raifon pourquoy les Sieurs Directeurs s'opiniaftrent fi fort à foûtenir ces pretendus comptes du 22. Septembre 1670. eft pour tâcher d'aneantir, s'ils pouvoient, le compte general, qui a efté clos, figné & arrefté par le Sieur Marçara & Goujon, au mois d'Aouft 1670. par lequel il n'eft reliquataire que de 4522. livres; & dont la preuve eft écrite dans les propres pieces que les Sieurs Directeurs ont produites.

La premiere preuve de l'exiftance & de la reddition de ce compte general fe rencontre dans lefdits pretendus comptes du 22. Septembre 1670. parce que ce ne font que des extraits de comptes anterieurs : or il eft impoffible de tirer l'extrait d'un compte qu'il n'y ait un compte antecedent : d'où il foit tiré, & ce compte, dont on pretend avoit tiré ces extraits, ne peut eftre que le compte general du mois d'Aouft 1670.

De prouver que ce ne font que des extraits, cela eft facile; parce que la feule infpection en fait demeurer d'accord, puifqu'ils comprennent en deux lignes tout le contenu en plufieurs cayers, & cottent ces cayers, qui compofent en partie le compte general du mois d'Aouft 1670. de N°. 1. N°. 2. &c. on raportera cy-aprés un de ces Articles de deux lignes.

* Prod. par les Sieurs Direct. pardevant M. Turgot, au 4. fac, 17. piece, joint à l'Inft.

La deuxiéme preuve fe rencontre dans deux lettres * écrites à Caron par Martin & Goujon les 13. & 15. Aouft 1670.

Celle de Martin du 13. Aouft 1670. parle en ces termes fol. 1. verfo. *Demain l'on doit commencer à reconnoiftre les Marchandifes qui ont efté achetées en ce Comptoir, enfuite de quoy on travaillera à fon compte,* c'eft-à-dire au compte du Sieur Marcara, il ajoûte un peu plus bas lin. 13. *on ne peut pas faire fond fur ce qui refte entre les mains du Sieur Marcara, la fomme n'eftant pas fi grande que l'on avoit crû.*

Il faloit donc bien que le compte du Sieur Marcara fut dés ce temps là dreffé & prefenté, il faloit encore qu'on eût commencé à l'examiner, parce qu'autrement il auroit efté impoffible de fçavoir que ce qui reftoit entre fes mains n'eftoit pas grande chofe; & cela s'acorde fort bien avec la fomme de 4522. livres, dont le Sieur Marcara eft demeuré redevable par ledit compte general du mois d'Aouft 1670. & de laquelle la Compagnie ne pouvoit pas profiter, comme étant abforbée par les creances du Sieur Marcara fur la Compagnie; c'eft pourquoy, comme dit la lettre de Martin, il n'y avoit pas grand fond à faire fur cette fomme de 4522. livres.

Celle de Goujon du 15. Aouft 1670. confirme celle de Martin en parlant du Sieur

Marcara en ces termes au fol. 1. verso lin. 13. *il me doit donner son compte demain ou Lundy, nous examinerons & ne laisserons rien passer qui ne soit juste*, donc ce compte general estoit dressé, & l'examen en estoit tres-prochain le 15. Aoust 1670.

Il est vray que pour pretendre détruire cette induction, les Sieurs Directeurs di- Object. des
sent que Martin & Goujon ont écrit leurs lettres conformément aux paroles que le Directeurs.
Sieur Marcara leur avoit données; mais que cela ne prouve pas qu'il ait tenu sa parole ni que le reliquat fut de 4522 livres, qu'au contraire les endroits desdites lettres
prouvent qu'il devoit 17000. roupies, il faut donc raporter les endroits desdites lettres, dont ils se veulent servir, & l'on verra qu'ils prouvent tout le contraire de ce
qu'ils pretendent.

Celle de Martin ajoûte ces mots, *le Sieur Deltor nous a dit vous avoir envoyé un* Réponse de
*compte, par lequel ledit Marcara reste debiteur à la Compagnie de 17000. roupies, sur la-* Marcara.
*quelle somme il pretend prendre ses gages.* Cet endroit de la lettre de Martin ne prouve
nullement que le Sieur Marcara deust 17000. roupies au mois d'Aoust 1670. car
quand même il seroit vray que Deltor ( qui estoit ennemi juré du Sieur Marcara &
un des instrumens de Caron pour le persecuter ) eut fabriqué à sa fantaisie & sans
la participation du Sieur Marcara, un compte dont on n'a jamais entendu parler, par
lequel il l'auroit fait debiteur de 17000. roupies pour l'envoyer à Caron, il ne s'en-
suivroit pas qu'il soit demeuré debiteur par le compte general du mois d'Aoust 1670.
de ladite somme, parce qu'il est constant que les achapts & dépenses qu'il a faites
pour la Compagnie depuis ce temps là n'auroient pû estre compris dans des comptes
que Deltor auroit fabriqué luy-même & tout seul pour les envoyer long-temps auparavant.

L'endroit de la lettre de Goujon prouve encore moins que le Sieur Marcara deust
17000. roupies, par le compte general du mois d'Aoust 1670. aprés qu'il a dit que
le Sieur Marcara luy doit donner son compte le lendemain, il ajoûte ces mots *nous
voyons par ces comptes qu'il nous a délivré, qu'il luy demeure entre les mains 17000. roupies*, il est constant que lors que Goujon a écrit cette lettre, il n'avoit pas encore entre
les mains tous les comptes du Sieur Marcara, puisqu'il ne devoit les luy donner que
le l'endemain ou le Lundy lors prochain; ainsi Goujon ne pouvoit pas sçavoir de combien le Sr Marcara seroit redevable quand il auroit examiné tous ses comptes, il dit
seulement qu'il croit par les comptes que le Sr Marcara a délivré qu'il luy demeure en
main 17000. roupies, il s'ensuit que les comptes qu'il devoit donner le lendemain auront
justifié des emplois qui n'estoient point compris dans ceux qu'il avoit délivré auparavant, & qu'ils auront infailliblement diminué le deber, dont Goujon a voulu parler. Cette lettre ne prouve donc pas que le Sieur Marcara deust 17000. roupies;
mais elle prouve la fausseté du Journal de Martin, lorsqu'il fait dire audit Goujon,
*qu'il ne pouvoit tirer compte de luy*, Sieur Marcara.

Elle prouve encore que ce n'est pas une simple promesse qui a fait dire à Goujon
que le Sieur Marcara devoit luy donner son compte general le lendemain, puisqu'il
en avoit déja entre les mains la plus grande partie, il ne faut pas que les Sieurs Directeurs disent que ce n'estoient que des projets: ce nouvel eschapatoire ne les tirera
pas d'embaras; puisque la lettre de Goujon qu'ils ont produite eux-mêmes dément
leurs paroles.

Enfin Goujon & Martin ne pouvoient pas sçavoir au juste les 13. & 15. Aoust 1670.
de combien le Sieur Marcara seroit redevable par son compte general qu'ils n'avoient
pas encore examiné, & qui n'estoit pas entierement entre leurs mains, c'est pourquoy ils n'ont pû parler precisément de ce reliquat: mais le même Martin dans son
Journal, pareillement produit par les Sieurs Directeurs, qui n'a esté commencé que
36. jours aprés, le 21. Septembre 1670. & qui par consequent en pouvoit en ce
temps là parler sçavament, dit positivement fol. 8. verso * *qu'aprés avoir examiné* * Voir la co-
*lesdits comptes du Sieur Marcara il n'a esté trouvé debiteur, suivant ses comptes qu'il a* pie collat.du.
*produit luy même d'une somme de 4522. livres.* Journal, prod.<br>au 3.sac, cotte<br>H.

Et l'on doit icy observer que lors que le Sieur Marcara a tiré avantage de ces
lettres de Martin & Goujon & du Journal dud. Martin, ce n'est pas pour les approuver entierement, mais seulement en ce qu'ils font pour luy, parce qu'au reste il n'est pas
permis aux Srs Directeurs d'en former des consequences contre luy; puisque non
seulement ce sont à leur égard, *instrumenta domestica, quæ non faciunt fidem*, mais
encore l'Arrest du Grand Conseil ayant renvoyé le Sieur Marcara absous des accusations qu'ils luy avoient faites sur ce Journal & ces lettres, * ils ne sont pas receva- * Cela paroist

<table>
<tr><td>

par l'Arr. du
Gr· Conſ. du
4.Fevr. 1679.
qui ordonne
recollem. &
confr. prod.
au 6.ſac,cotte
A. dans le vû
duq.ces Lett.
& ce Journal
ſont énoncez.

</td><td>

bles à s'en ſervir contre luy, c'eſt auſſi la précaution avec laquelle le Sieur Marcara en a toûjours parlé.

La 3. preuve de la reddition du compte general du mois d'Aouſt 1670. ſe trouve dans les depoſitions des témoins produits par les Sieurs Directeurs au Grand Conſeil contre le Sieur Marcara, & particulierement de Pocquet ſecond témoin, qui dit au fol. 32. recto de l'information qu'*environ le mois d'Aouſt*, *le Sieur Goujon arriva à Maſſulipatan, & demanda compte audit Marcara, ce qu'il fit ainſi qu'il croit, parce que luy depoſant qui eſtoit Caiſſier, & les autres Commis qui avoient eu du maniement, fournirent les eſtats de ce qu'ils avoient reçû & dépenſé.* Il ajoûte fol. 32. recto *Marcara fils a rendu compte à ſon pere, & ſon pere à Goujon.*

Les Sieurs Directeurs ſoûtiennent que ces paroles ne prouvent rien, parce que Pocquet ne fait point mention de l'arreſté ni du reliquat: qu'au contraire il ajoûte qu'il *ne ſçait neanmoins ce qui ſe fit de particulier entre Goujon & Marcara.* Lorſque le Sieur Marcara a rendu ſon compte gereral à Goujon, on n'a pas appellé Pocquet parce que ce n'eſt pas l'affaire d'un Commis d'eſtre preſent quand ſon ſuperieur rend ſes comptes; ainſi Pocquet pouvoit bien ſçavoir que le Sieur Marcara a rendu compte: mais il ne pouvoit pas ſçavoir à quoy ſe montoit le reliquat.

</td></tr>
<tr><td>

* Prod. au 1ͤ
ſac des Sieurs
Direct.

* Prod. au 2.
ſac des Sieurs
Directeurs.

</td><td>

La 4. preuve eſt adminiſtrée par les Sieurs Directeurs dans les aveus qu'ils ont fait au fol. 4. recto de leur inventaire * de production du 23. Janvier 1681. en ces termes, *& ledit Marcara qui avoit auparavant preſenté ſes comptes, n'ayant pas un ſol vaillant pour reſpondre du reliquat, il fut arreſté le 21. Septembre 1670. dans la maiſon de la Compagnie pour s'aſſeurer de ſa perſonne*; & au fol. 12. recto de leur contredit * du 8. Juin 1682. *Auſſi lors qu'il a eſté preſſé*, diſent-ils, *de payer le reliquat de ſon compte devant & apres ſon empriſonnement &c.*

Il falloit donc qu'avant l'empriſonnement du Sieur Marcara, il y eut un reliquat, puiſque (ſelon les Sieurs Directeurs) l'on l'arreſta faute d'avoir de quoy payer ce reliquat: ce reliquat ne pouvoit eſtre ſans compte arreſté auparavant, par conſequent il y avoit un compte arreſté. Ces faits ſont poſitifs & ſe tirent des propres confeſſions des Sieurs Directeurs, d'où il s'enſuit que ce compte ne pouvoit eſtre que celuy du mois d'Aouſt 1670. puiſque tous les autres que les Sieurs Directeurs alleguent, ſont poſterieurs à l'empriſonement du Sieur Marcara.

Les Sieurs Directeurs n'ont pû rien répondre à cela, ils ont ſeulement tâché de s'excuſer en diſant qu'ils n'avoient pas proferé les meſmes termes; Mais leur inventaire & requeſte qui ſont produits en l'Inſtance, prouvent que le Sieur Marcara n'a rien advancé qui n'y ſoit eſcrit.

</td></tr>
<tr><td>

*Prod.par les
Direct. pard.
M.Turgot,au
2.ſac, cot. M.

* Prod. au 2.
ſac des Direct

</td><td>

La cinquiéme preuve ſe rencontre dans ce que les Sieurs Directeurs ont dit de la perte arrivée à Saint Thomé, au fol. 4. rect. de leur Requeſte preſentée au Conſeil * le 3. Aouſt 1676. en ces termes, *Leſdites Marchandiſes furent confiſquées par le Gouverneur de ſaint Thomé, parties deſquelles ont eſté pillées, & le ſurplus reclamé à grands frais, le tout en pure perte pour la Compagnie de plus de 20000. liv.* & dans le fol. 19. verſo de leur Requeſte * du 8. Juin 1682. *Il a fait par ſon eſtat une imputation de la perte de S. Thomé, qui n'a point tombé ſur luy, mais ſeulement ſur la Compagnie.* Puiſque cette perte eſt tombée ſur la Compagnie, elle eſt donc alloüée dans le compte du Sieur Marcara, ce ne peut eſtre que dans le compte general du mois d'Aouſt 1670. puiſque dans les pretendus comptes du 22. Septembre 1670. que les Sieurs Directeurs produiſent, il n'en eſt fait aucune mention.

</td></tr>
<tr><td>

*Object. des
Directeurs.

</td><td>

Les Sieurs Directeurs ont mis en avant ſur ce ſujet, qu'on a alloüé dans ledit compte du 22. Septembre 1670. 2347. Roupies en un article, & 3765. Roupies en quatre autres articles, qui eſt, diſent.ils, tout ce qui fut donné au fils du Sieur Marcara pour aller negocier à ſaint Thomé, d'où ils ont conclud qu'ayant paſſé en dépenſe tout ce qui fut donné au fils du Sieur Marcara, on a alloüé en meſme temps la perte des Marchandiſes pillées, puiſqu'elles avoient eſté acheptées de l'argent de la Compagnie, qui luy avoit eſté donné, & qu'ils ont appris par ce compte du 22. Septembre 1670. qu'on leur faiſoit porter le pillage & la perte de ces Marchandiſes.

</td></tr>
<tr><td>

*Réponſes de
Marcara.

</td><td>

Mais il ne ſera pas malaiſé au Sieur Marcara de faire voir la fauſſeté de ce raiſonnement, parce que non ſeulement ledit compte du 22. Septembre 1670. ne fait aucune mention de la perte arrivée à S. Thomé, mais encore il eſt certain qu'elle ne peut pas eſtre compriſe dans les articles citez par les Sieurs Directeurs. En voicy la preuve.

Il eſt conſtant qu'il a fallu que le fils du Sieur Marcara ait juſtifié en quoy il a employé l'argent qui luy a eſté donné, le pretendu compte du 22. Septembre 1670. ne

</td></tr>
</table>

fait

fait mention d'aucun employ , mais feulement d'une partie de l'argent qui luy fut donné, le Sieur Marcara en rapportera un article : *A Michel Marcara pour aller faire achapt de Marchandifes pour compte de la Compagnie à S. Thomé de Meliapour. . R. . . 23407.*

Il n'y a perfonne qui reçoive un compte de cette nature , fi l'on ne fait voir en quoy cet argent a efté employé, il a donc fallu que le fils du Sieur Marcara ait rendu un compte qui juftifie l'employ qu'il a fait de ces 23407. Roupies , & du refte de l'argent qui lui a efté donné, dans lequel il a fpecifié la qualité & quantité des Marchandifes qu'il a acheptées, & ce compte eft de la nature de ces comptes particuliers & eftats, dont parle Pocquet dans fa depofition cy-deffus citée , & qui compofent en partie le compte general du mois d'Aouft 1670. qui eft entre les mains des Sieurs Directeurs : le Sieur Marcara demande la reprefentation du compte que fon fils a rendu de fon maniement , mais les Sieurs Directeurs n'ont garde de le reprefenter, non plus que tous les autres, dont on a cy-devant parlé, quoy qu'ils retiennent toutes ces pieces , parce qu'on y verroit que les Sieurs Directeurs ont receu pour environ 28000. Roupies de marchandifes acheptées par fon fils, outre la perte qui a efté de 8812. Roupies, ces deux fommes enfemble font celle d'environ 37000. Roupies ; cependant les Sieurs Directeurs pretendent qu'il ne luy fut donné en tout que 27172. Roupies.

Mais pour convaincre entierement les Sieurs Directeurs d'impofture, il ne faut que les oppofer à eux mefmes ; on a remarqué cy-devant qu'ils avoient fouftenu que les 9000. pagodes données au fils du Sieur Marcara, lorfqu'il partit pour aller à S. Thomé achepter des marchandifes , eftoient de la Caiffe de la Compagnie, il paroift par le pretendu compte du 22. Septembre 1670. par eux produit, qu'il luy fut encore envoyé audit faint Thomé une fomme de mil pagodes en quatre differentes fois , de l'argent de la Caiffe de la Compagnie. Voilà dix mil pagodes que le fils du Sieur Marcara a receu de l'argent de la Compagnie : or dix mil pagodes valent 37500. Roupies; les Sieurs Directeurs dans ledit pretendu compte du vingt-deux Septembre 1670. n'ont couché en dépenfe que 27172. Roupies en cinq articles ; on n'y a donc pas couché en dépenfe tout ce qui fut donné au fils du Sieur Marcara, la perte de faint Thomé n'y eft donc point allouée, ce n'eft donc point par ce compte qu'ils ont appris cette perte , d'où il faut neceffairement conclure que puifqu'ils difent neanmoins qu'elle a efté allouée, il faut que ce foit dans le compte general du mois d'Aouft 1670. puifque c'eft ce mefme compte general qui a fait dire aux Sieurs Directeurs que cette perte eftoit tombée fur la Compagne, & que le pretendu compte de Caiffe du 22. Septembre 1670. eft un extrait fabriqué fans la participation du Sieur Marcara, qu'il eft infidel & manifeftement faux, puifqu'on en a fouftrait la perte arrivée à S. Thomé, laquelle eft allouée dans le compte general du mois d'Aouft 1670

La fixiéme preuve fe trouve dans le fol. 3. verfo de la mefme Requefte du 3. Aouft 1676. où les Sieurs Directeurs conviennent qu'il a efté tenu compte au Sieur Marcara de plus de cinquante mil livres monoye de France , pour les prefens faits au Roy de Golconde & à fes Miniftres pour l'obtention du Firman, d'où il s'enfuit que ce ne peut eftre que par le compte general du mois d'Aouft 1670. qu'ils ont appris qu'on avoit tenu compte au Sieur Marcara de plus de 50000. liv. pour lefdits prefens, parce que dans les pretendus comptes qu'on a fait figner au Sieur Marcara le 22. Septembre 1670. on n'a couché en dépenfe que 22842. Roupies valants monoye de France 34263. livres.

La feptiéme preuve de l'exiftance & de la reddition dudit compte general du mois d'Aouft 1670. fe tire de ce que lefdits Sieurs Directeurs dans l'inftruction du procez criminel au grand Confeil, ayant fait interroger le Sieur Marcara à l'article 161. de fes interrogatoires, pour fçavoir de luy, *s'il n'eft pas vray que par les comptes que luy répondant rendit tout informes qu'ils eftoient, & dans lefquels il a employé tout ce que bon luy a femblé , fuivant fon propre calcul, il convenoit qu'il eftoit encore redevable à la Compagnie d'environ 18000. Roupies valans 25500. liv. Sur quoy il pretendoit qu'on luy devoit imputer la fomme de 20000. liv. pour fes appointemens , en forte que de fon adveu il auroit encore efté debiteur de la fomme de 4922. liv. Il a répondu, qu'il a rendu fon compte au mois d'Aouft 1670. aux Sieurs Goujon & Martin, dans lequel il n'avoit pas employé fes appointemens, que par ce compte il eftoit reliquataire de fort peu de chofes, mais que depuis le 22. Septembre 1670. on luy fit figner de force & le piftolet fous la gorge, deux extraits de comptes , par l'un defquels on le rendoit reliquataire d'environ 18000. Roupies, & par l'autre de 15800. Roupies , & comme ils vouloient tuer luy répondant, qui refufoit toujours de les figner n'eftans pas veritables, ils luy permirent enfin d'adjoufter, fauf erreur, & que le 30. dudit mois de Septembre ils luy en firent encore signer un autre extrait de compte, par lequel il estoit reliquataire de 4521. liv. qu'il ne vouloit pas signer non plus que les autres, mais enfin le signa & adjoûta cette clause, sans prejudice de ses pretentions, qui estoient ses appointemens, ses dommages & interests, duquel compte il est fait mention dans le journal dudit Martin, & lequel luy répondant a veu entre les mains du Sieur Falentin Advocat au Conseil de ses Parties adverses.*

Par cet interrogatoire les Sieurs Directeurs luy ont referé le serment, & par consequent sa réponse decide la question sur le fait du compte du mois d'Aoust 1670. parce que *juramentum species est transactionis*, particulierement quand il est deferé par la partie ; Et ce qui est de plus remarquable, c'est qu'en matiere criminelle les réponses d'un accusé, qui par l'evenement est renvoyé absous des accusations qu'on luy a imputées, sont decisives en sa faveur, parce qu'estans faites *ad indagationem veritatis*, l'absolution de l'accusé les rend toutes veritables, autrement si elles pouvoient estre soupçonnées de mensonge, elles n'auroient pas pû operer son absolution, c'est la doctrine de *Julius Clarus*, de *Damhouderius*, *Farinacius* & autres qui ont traittez ces matieres *ex professo*, d'où il faut necessairement conclure que le Sieur Marcara a rendu son compte general au mois d'Aoust 1670. que le grand Conseil en a esté convaincu, & que les réponses du Sieur Marcara ont esté trouvées innocentes & veritables, & c'est sur ces veritez qu'il faut maintenant fonder toutes les preuves du compte general du mois d'Aoust 1670.

Les Sieurs Directeurs ont dit sur le sujet desdits comptes, qu'il n'y a point eu d'autres comptes que ceux qu'ils representent, que s'il estoit vray qu'il y eut un compte arresté au mois d'Aoust 1670. le Sieur Marcara en auroit l'original en ses mains, ou du moins le double, ou broüillon, & repetans toujours leur ancienne calomnie, pour tâcher de se disculper de l'enlevement qu'ils ont fait de tout ce que le Sieur Marcara avoit ; ils adjoustent qu'il avoit detourné ses effets & ceux de la Compagnie, qu'il avoit mis ses papiers en lieu de seureté, que c'est là qu'il a pris toutes les pieces qu'il a produites au procez criminel pour sa justification, & qu'il y devroit aussi prendre son compte general du mois d'Aoust 1670.

Mais on ne doit pas estre surpris que le Sieur Marcara ne represente pas son compte general, cela luy est impossible, puisqu'il est par devers les Sieurs Directeurs, & ceux qui sçavent de quelle manieres les comptes, comme celuy du Sieur Marcara s'examinent, verront bien qu'il ne peut avoir ny double, ny broüillon de son compte general, parce que toutes les escritures concernans les comptes, demeurent toujours entre les mains du teneur de livres de la Compagnie, & non pas entre les mains d'un Directeur ; voicy comme cela se pratiquoit. Le Sieur Marcara avoit la direction entiere des affaires de la Compagnie dans toute l'estendue du Royaume de Golconde, & Coste de Coromandel, il avoit sous luy des Marchands, Sous Marchands & des Commis de la Compagnie, il les envoyoit achepter des Marchandises, ils prenoient de l'argent dans la Caisse de la Compagnie, suivant les ordonnances du Sieur Marcara, ils tenoient un compte de leur gestion, dans lequel ils specifioient la qualité & quantité des Marchandises qu'ils acheptoient, ils en tenoient encore un autre dans lequel ils escrivoient la dépense de bouche jusqu'à la moindre particularité, ils mettoient ces comptes entre les mains du teneur de livres ; & pour lors le Sieur Marcara les examinoit avec le teneur de livres & les laissoit entre ses mains, & lorsque le Sieur Marcara a rendu son compte general, c'est le teneur de livres qui l'a mis en ordre & qui l'a dressé, & apres qu'il a esté clos, signé & arresté, il a esté remis entre les mains du teneur de livres, c'est à dire entre les mains de la Compagnie : c'est ce qu'il s'agit de prouver surabondamment. Le Sieur Marcara l'a déja prouvé au procez criminel du grand Conseil, où l'on a connu les impostures des Sieurs Directeurs : mais comme ils rebattent toujours la mesme chose, il est bon de rapporter aussi les mesmes preu-
* Prod. au 6.<br>sac, 2. liasse. ves, dont la premiere est une lettre * de Jean du Thein la Tour teneur de livres de la Compagnie, escrite le 4. May 1670. au Sieur Caron Directeur general, & à Messieurs du Comptoir de Surate ; laquelle parle desdits comptes en ces termes.

*Messieurs, je croy que par les dépêches de la Flutte la Couronne, mon travail en ce Comptoir de Massulipatan vous est assez connu. Je vous ay mandé par cy devant que Monsieur Deltor n'y trouverroit à son arrivé qu'une terre ensemencée pour en recueillir les fruits Je luy ay remis par ordre de Monsieur de Marcara tous les comptes & factures des negociations qui ont esté faites dans l'étenduë de ce Royaume, & comme la methode de teneurs de Livres differe bien souvent, j'ay jugé à propos de ne point dresser un Journal ny grand Livre,*

puisqu'il ne s'y agit que d'y coucher la facture d'envoy de Surate & celle de retour de Massulipatan. De plus, quinze jours aprés qu'on m'a eu retenu en la susdite Loge, j'ay appris que
vous aviez destiné mondit sieur Deltor pour les écritures dudit Comptoir, & comme le total
des effets d'iceluy n'est que d'un seul maniement de R. 149008. & R. 54000. ou environ de
carguaison pour Europe & Fort Dauphin. Ces raisons font voir à tous ceux qui ont connoissance
des livres, qu'il n'estoit pas necessaire autrement de les commencer, puisqu'on l'attendoit de
jour à autre, il a crû trouver toutes choses disposées de telle maniere, qu'il n'y auroit plus
rien à faire qu'à faire faire un Palanquin pour se bien divertir, s'il souhaite avoir l'honneur
& la gloire de l'ouvrage, & ramasser les roses du Rosier, il est juste qu'il n'en fasse pas les
épines difficiles.

Cette Lettre justifie que tous les papiers concernans les comptes du sieur Marcara
estoient entre les mains dudit de la Tour teneur de Livres, & qu'il les a remis par
ordre du sieur Marcara entre les mains du nommé Deltor, qui a esté teneur de Livres
après ledit de la Tour. Cela est confirmé par une autre Lettre * dudit Deltor écrite
de Massulipatan le 30. Avril 1670. au sieur Marcara qui estoit à Golconde, dont
voicy les termes.

* Prod. au 6.e
sac, cotte D.

*Monsieur, j'ay receu la vôtre par Monsieur Dandron, par laquelle vous demandez au
plûtôt vôtre compte general, & qu'il soit dans le bon ordre, je vous assure; Monsieur, que
depuis vôtre depart je n'ay pas perdu un moment de temps d'y travailler, mais les comptes
sont dans un tel estat, qui m'empêche de faire diligence, j'espere pourtant que ce sera dans
peu de jours, & dans l'ordre que vous le souhaitez, &c.*

On voit bien que ces Lettres, en faisant mention d'un grand travail, n'ont pas
entendu parler des pretendus comptes du 22. Septembre 1670. dont l'un n'est que de
sept feüillets, & l'autre de deux feüillets seulement, & qui par consequent se peuvent
faire en tres-peu de temps sans beaucoup de peines, mais qu'elles parlent du compte
general du sieur Marcara, composé de tous les comptes particuliers, dont il a esté
cy-devant parlé, de tous les comptes de dépenses de bouches, achapts de Marchandises, voitures, presens, & generalement de toutes les negociations qui ont esté faites dans le Royaume de Golconde pendant le temps que le sieur Marcara y a esté,
ce qui a donné beaucoup de peine à dresser, quoyque le teneur de Livres ne soit que
pour cela & qu'il n'ait point d'autre occupation.

Enfin ces Lettres prouvent que le sieur Marcara n'avo:t rien devers soy concer-
nant ses comptes, & que le tout estoit entre les mains du teneur de Livres; c'est-à-
dire entre les mains de la Compagnie.

Elles prouvent même encore pour montrer la bonne foy du sieur Marcara, qu'il
aimoit que toutes choses fussent d'ordre & sans confusion, ce qui est bien opposé au
procedé des Srs Directeurs, qui ont toûjours affecté le desordre & l'embroüillement.

Aprés tout, il est si vray que le compte general du sieur Marcara est entre les
mains des sieurs Directeurs, qu'ils en sont convenus eux-mêmes.

Le sieur Marcara pour prouver encore surabondamment qu'il avoit rendu son
compte general au mois d'Aoust 1670. & que le pretendu compte du 22. Septembre
1670. n'en estoit qu'un extrait infidel, a rapporté un article dudit compte du 22. Septembre, qui suit, *Pour depense faite, tant à Golconde, qu'à Massulipatan, depuis le 15. Novembre
1669. jusqu'au 25. Fevrier 1670. comme appert par un compte cotté No. 16. R. 1693.* Ce compte
cotté *No. 16.* est un cayer dans lequel on voit l'employ qui a esté fait desdites 1693.
Roupies. Lorsque le sieur Marcara a rendu son compte general au mois d'Aoust 1670.
il a justifié par ce compte cotté *No. 16.* l'employ qu'il a fait desdites 1693. Roupies, &
ce compte est signé du sieur Marcara : Goujon l'ayant examiné, l'a aussi signé &
approuvé. Ce compte fait partie du compte general, en sorte que les deux lignes
rapportées dans le compte que les sieurs Directeurs produisent ne sont que l'extrait
du compte cotté *No. 16.* qui fait partie du compte general.

Les sieurs Directeurs ne pouvoient rien répondre à cela, mais enfin par leur Requeste du 16. Janvier 1688. fol. 31. versò ils se sont avisez de dire que *ce compte No. 16.
n'est qu'un extrait par le menu ou compte particulier d'une nature des frais qui ont esté faits
par Marcara dont le détail ne monte qu'à 1693. Roupies, les suplians l'ont tel que
Marcara l'a presenté sur les lieux au sieur Goujon, & il est comme 25. autres comptes
particuliers cottez depuis n. 1. jusqu'au No. 25. écrits les uns comme les autres d'une écriture
ancienne des Commis qui estoient sur les lieux, du montant de chacun desquels Marcara
fait dépense en autant d'articles de son compte de Caisse, où il les cotte de No. 1. & suivans
jusqu'au 25. comme on le peut voir aux lieux rapportez en marge, par où l'on peut juger*

que le compte N°. 16. n'eſt rien moins que le compte general, dont a eſté extrait le compte de Caiſſe du 22. Septembre 1670. & qu'il n'eſt pas d'une autre nature que les 25. autres comptes particuliers, qui entrent dans la dépenſe du compte de Caiſſe du 22. Septembre 1670. Le ſieur Marcara n'a pas dit que le compte N°. 16. eſtoit le compte general, mais qu'il fait partie du compte general, & il ſoûtient que les deux lignes qui comprennent tout le contenu au cayer cotté N°. 16. n'en ſont que l'extrait.

Enfin les ſieurs Directeurs avoüent que le ſieur Marcara a rendu compte à Goujon & que ce compte N°. 16. & les 25. autres comptes particuliers, qui compoſent en partie le compte general du mois d'Aouſt 1670. & qui ſont tous rapportez chacun en deux lignes dans le pretendu compte de Caiſſe du 22. Septembre 1670. ſont entre leurs mains, ces comptes ſont ſignez du ſieur Marcara & de Goujon, le ſieur Marcara ne peut pas avoir une preuve plus convainquante qu'il a rendu ſon compte general au mois d'Aouſt 1670. que l'aveu que les Srs Directeurs font que les pieces qui le compoſent ſont entre leurs mains, il les a donc ſommé, & les ſomme encore de repreſenter ce compte cotté N°. 16. tel que Marcara l'a preſenté ſur les lieux au ſieur Goujon. Mais ils ont reconnu que ce compte ſuffiroit pour les convaincre, parce qu'il eſt ſigné du ſieur Marcara & de Goujon, & prouve par conſequent la reddition du compte general du mois d'Aouſt 1670. ainſi voyans qu'ils s'eſtoient égarez, & qu'ils alloient produire eux mêmes leur conviction, ils ont changé de langage, ils n'en ont plus, diſent-ils, que des copies informes qui ne ſont ſignées de perſonne; mais quelque peine qu'ils prennent de s'envelopper, la mauvaiſe foy qu'ils ont de demander des choſes, dont ils ont toûjours eſté les Maîtres, & de ne pas repreſenter eux-mêmes les pieces qu'ils conviennent être neceſſaires à l'éclairciſſement de la verité, n'eſt pas moins viſible, puiſqu'il eſt conſtant qu'ils ne peuvent pas avoir les coppies ſans avoir les originaux.

Ils ont avancé ſur ce ſujet une choſe aſſez particuliere, & dont des gens de bon ſens ne ſe feroient jamais aviſez, lorſqu'ils diſent que le cayer cotté N°. 16. n'eſt qu'un extrait par le menu. Jamais on a oüy dire qu'il faille un cayer de papier pour extraire deux lignes, & toute perſonne qui ſera dans un ſens raſſis, jugera que les deux lignes ſont l'extrait du cayer; c'eſt ce que le ſieur Marcara a toûjours ſoûtenu avec ſa precaution ordinaire de n'en parler que ſurabondement, comme n'y eſtant point obligé, puiſqu'aprés l'Arreſt du Grand Conſeil du 30. Mars 1680. toutes les preſomptions & les preuves ſont évidentes contre les ſieurs Directeurs, qui n'en ont aucune contre le ſieur Marcara.

A l'egard du pretendu divertiſſement des papiers de la Compagnie & de l'enlevement des papiers & des effets du Sieur Marcara, il a eſté cy-devant montré que les Srs Directeurs luy en avoient fait un crime au Grand Conſeil, & qu'il en a eſté déchargé par l'Arreſt du 30. Mars 1680. qui l'a renvoyé abſous, c'eſt pourquoy on ne le repetera point icy: mais parce que cette abſolution leur tient au cœur, & qu'ils ont eſté trompez dans l'eſperance qu'il avoient, que c'eſtoit aſſez d'acuſer le Sieur Marcara pour le faire condamner, parce que ſçachant que Martin & les autres avoient enlevé tous ſes effets & papiers, ſans en faire aucune inventaire en bonne forme, contre les Loix & les Ordonnances, ils ſe flatoient qu'il luy ſeroit impoſible de juſtifier ſa conduite, & d'avoir aucunes pieces pour détruire la fauſſeté des diſpoſitions de leurs témoins; quoy qu'ils ſçachent tres-bien de quelle maniere ces pieces juſtificatives ſont retombées entre les mains du Sieur Marcara, il veut bien encore éclaircir par quelle voye il a pû avoir leſdites pieces: ce qu'il fera toûjours ſurabondamment, afin de faire voir que les Sieurs Directeurs n'ont pas raiſon de luy faire un crime de ce qu'il a leſdites pieces entre les mains.

Le Sieur Marcara ſept mois auparavant ſon empriſonnement prevoyant que Caron ne ceſſeroit jamais de le perſecuter, crût ne pouvoir mieux faire que de ſe plaindre aux Sieurs Directeurs de Paris, du procedé de Caron & de leur demander juſtice; à cet effet il leur envoya deux dépêches, l'une par la voye d'Angleterre addreſſée au Sieur de Verbecq, & l'autre par la voye de Smirne adreſſée au Conſul François; il leur envoya auſſi dans les mêmes dépêches des copies de pluſieurs comptes de dépenſes & des comptes particuliers des Commis qui avoient acheté de Marchandiſes pour la Compagnie, il leur envoya en même-temps une copie du Firman qu'il avoit obtenu du Roy de Golconde. Caron luy avoit fait tomber entre les mains trois lettres d'attées des 3. & 4. Novembre 1669. qu'il écrivoit de ſa propre main à des particuliers contre le Sieur Marcara, ces lettres eſtoient décachetées; Caron ne les luy avoit fait tomber entre les mains qu'à deſſein de l'obliger, aprés qu'il en auroit

pris

pris la lecture, de faire quelque action contre son honneur, le Sieur Marcara en fit faire des copies par le nommé Louvain Commis de la Compagnie, lesquelles il envoya par les mêmes dépêches aux Sieurs Directeurs : c'est de là qu'ils ont pris occasion d'accuser le Sieur Marcara d'avoir intercepté les lettres de la Compagnie & d'en former le 18. chef de leurs accusations * au Grand Conseil, & pour tâcher de prouver cette accusation, ils ont produit en l'Instance devant Monsieur Turgot de Saint Clair 4. sac 14. & 15. pieces, deux de ces mêmes copies que le Sieur Marcara leur avoit envoyées desdites lettres de Caron, ils ont aussi produit au 2. sac, cotte G. ladite copie du Firman que le Sieur Marcara leur avoit envoyée. Le recit que le Sieur Marcara fait icy de ce fait, n'est pas pour se justifier de cette accusation ; car il en a esté renvoyé absous par l'Arrest du Grand Conseil du 30. Mars 1680. mais c'est pour prouver que les Sieurs Directeurs ont reçû lesdites dépêches qu'il leur a envoyées par voyes de Smirne & d'Angleterre.

* Cela paroist par l'Extr. de Mr le Procur. Gener. au Gr. Conf. produit au 6. sac, cotte F. & par les Interr. que le Sr Marcara a subis au Gr. Conf. art. 110. 111. & 112. joints à l'Inst.

Le Sieur Marcara non content de leur avoir envoyé ces deux dépêches avec des copies des pieces justificatives de sa conduite, croyant que les Sieurs Directeurs luy rendroient justice, il leur envoya par terre un exprés avec une autre dépêche, & les originaux de toutes lesdites pieces justificatives, avec ordre de s'adresser au Bureau de la Chambre generale de Paris : mais cet exprés estant venu à mourir en chemin, toutes ces pieces sont demeurées à Venise pendant quatre ans, où le Sieur Marcara les a par bonheur recouvrées ; ainsi elles ne sont pas tombées entre les mains des Sieurs Directeurs, ausquels il les envoyoit ; mais ils ne sçauroient dénier qu'ils n'en ayent reçû les copies collationnées, & les lettres que le Sieur Marcara leur a envoyées par voyes de Smirne & d'Angleterre, puisque les pieces qu'ils en ont produites en l'Instance, en sont des preuves convaincantes.

## TROISIE'ME PROPOSITION.

*Le Sieur Marcara a esté forcé dans sa prison le Pistolet sous la gorge, de signer lesdits comptes du 22. Septembre 1670. par lesquels les Sieurs Directeurs le font debiteur de 23744. livres.*

On pouroit en un mot dire icy que la preuve de cette proposition resulte des violences que le Sieur Marcara a prouvées en l'Instance, qui ont esté exercées contre luy ; mais parce qu'il veut bien satisfaire aux repetitions des Sieurs Directeurs, il examinera suradondamment ce qu'ils en disent.

Les Sieurs Directeurs pour autoriser leurs pretendus comptes du 22. Septembre 1670. se reduisent à dire que le Sieur Marcara n'a pas raison de se plaindre maintenant de la violence a luy faite pour les signer, parce que *Objections des Direct.*

1º Les témoins qu'ils ont produit contre luy au Grand Conseil, n'ont pas dit en termes formels qu'il eût esté violenté.

2º Qu'il ne s'est point plaint de cette violence dans les interrogatoires à luy pretendus faits à Massulipatan le même jour 22. Septembre 1670. par Deltor, ni dans celuy du 24. du même mois fait par Goujon, ni pendant qu'il estoit prisonnier au Port Loüis, & qu'il n'a commencé de s'en plaindre que par un Acte du 9. Fevrier 1677.

3º Que parce même Acte il est demeuré d'acord du contenu ausdits pretendus comptes en traittant les choses de bonne foy & dans la verité comme elles se sont passées. D'où ils ont conclud que lesdits pretendus comptes du 22. Septembre 1670. sont exempts de tout soupçon de fraude & de violence.

La premiere réponse du Sieur Marcara est qu'on ne doit pas s'estonner si les témoins administrez par les Sieurs Directeurs contre luy au Grand Conseil n'ont pas dit precisément qu'il avoit esté forcé le pistolet sous la gorge de signer ces pretendus extraits de comptes du 22. Septembre 1670. parce qu'ayans esté prepouzez pour exercer cette violence, ils n'ont pas voulu annoncer eux-mêmes leur cruauté : mais ils n'en sont pas disconvenus. *Réponses de Marcara.*

Thibeaudeau 4. témoin au fol. 103. verso de l'information, dit *qu'il se souvient luy déposant avoir esté present lorsque les Sieurs Deltor & Malfosse presenterent les comptes audit Marcara pour les luy faire signer.* Voila qui prouve que ces comptes avoient esté fabriquez sans la participation du Sieur Marcara : & que c'est contre la verité que les Sieurs Directeurs ont avancé, que le Sieur Marcara a presenté lesdits comptes ; puisqu'ils luy ont esté presentez par Deltor & Malfosse pour les luy faire signer : en effet comment le Sieur Marcara auroit-il pû prefenter des comptes ce jour-là, puis qu'il eftoit en prifon les fers aux pieds, & qu'on luy avoit tout enlevé le jour d'auparavant.

Et dans la confrontation du 11. Mars 1679. lorfque le Sr Marcara a reproché à ce témoin que ce fut luy avec les autres qui le força le piftolet à la gorge de figner lefdits pretendus extraits de comptes, il *a dit qu'il eftoit bien vray qu'il eftoit dans la loge lors qu'on luy prefenta lefdite comptes, mais qu'il n'eftoit pas prepofé pour les luy faire figner*; c'eft à dire proprement qu'il s'excufe, & que ce n'eft pas luy qui a fait la violence, mais il ne difconvient point de cette violence.

La feconde réponfe du Sieur Marcara, eft qu'il n'a jamais eu befoin d'aucune plainte particuliere ni par écrit, fa prifon, fes fers & les violences qui luy ont efté faites reclament pour luy, il ne pouvoit d'ailleurs faire aucun Acte de proteftation dans le temps de fa prifon, la plus forte proteftation qu'il pouvoit faire, eftoit de mettre au bas de fa fignature, *fauf erreur*, ce qu'il a fait; & quand même il feroit vray, comme il eft faux ( comme il a efté cy deffus prouvé ) qu'il eut efté interrogé le 22. Septembre 1670. par Deltor qui venoit de luy faire figner lefdits comptes le piftolet fous la gorge, & le 24 par Goujon, à qui les Sieurs Directeurs pretendent-ils qu'il deuft adreffer fa plainte contre cette violence, finon à ceux-là même qui l'avoient violenté, qu'ils l'avoient eux-mêmes emprifonné, lié & garotté pour luy faire figner en cet eftat ces pretendus comptes, dans lefquels ils ont fabriqué à leur fantaifie telles écritures que bon leur a femblé: donc le Sieur Marcara n'avoit perfonne à qui il fe peût plaindre & qui eut pû ni voulu luy en donner Acte en bonne forme, en un mot il avoir à faire à fes parties formelles qui n'auroient jamais fait d'Actes contraires à leurs actions.

* Prod. au 3. fac, cotte A. Mais s'il faut furabondamment prouver que le Sr Marcara s'eft plaint de cette violence auffi-toft qu'il a efté en liberté de le faire, il ne faut que lire fa Requefte * prefentée à Monfieur Turgot de Saint Clair au mois de Mars 1675. & qui à la follicitation des Sieurs Directeurs, dans le temps qu'ils amufoient le Sieur Marcara d'accomodement par l'entremife de mondit Sieur Turgot, n'a efté réponduë que le 5. Mars 1676. dans laquelle fol. 3. recto il a formé fes plaintes & fait fes proteftations: il n'eft donc pas vray, fauf correction, que le Sieur Marcara n'a commencé à fe plaindre de cette violence que par l'Acte du 9. Fevrier 1677.

* Prod. par les Srs Direct. au 2. fac, cotte F. La troifiéme réponfe eft qu'il n'eft pas vray non plus, fauf refpect, que par ce même Acte * du 9. Fevrier 1677. le Sieur Marcara foit demeuré d'accord du contenu aux pretendus extraits de comptes du 22. Septembre 1670 le contraire eft prouvé par l'Article du même Acte, donc les Sieurs Directeurs veulent fe fervir. Aprés que dans ledit Acte le Sieur Marcara leur a fait un eftat de ce qui luy eftoit deub dans ce temps-là par les Sieurs Directeurs, montant à la fomme de 156667. livres 14. fols 3. deniers, il dit, *furquoy ledit Sieur Marcara, nonobftant que les comptes prefentez par les Sieurs Directeurs, par lefquels ils le pretendent reliquataire de 22318. livres, pour eftre par luy arreftez, ne foient pas admiffibles ni recevables ayans efté figneZ par violence & le piftolet fous la gorge; neanmoins pour éviter chicanes & faciliter la deciffion de toute affaire, confent que traitant les chofes de bonne foy comme elles fe font paffées, & dans la verité, & deduifant la perte foufferte à faint Thomé qui monte, comme en demeurent d'accord mefdits Sieurs de la Compagnie, & qu'il eft juftifié dans le Procés à la fomme de 8812 roupies, de paffer à fon compte le furplus qui feront 9894. livres, fur & en deduction de ce qui luy eft deub.*

Le Sr Marcara a toûjours offert de deduire fur ce qui luy eft deub les 4522. livres qu'il doit pour le reliquat de fon compte general du mois d'Aouft 1670. & dans ledit Acte pour fe délivrer de la perfecution & faciliter decifion de toute affaire & éviter chicane, il offre deduire 9894. livres qui excede ladite fomme de 4522. livres de 5372. livres, c'eft-à-dire qu'il auroit facrifié cette derniere fomme à l'avarice des Sieurs Directeurs; pourvû que d'ailleurs ils euffent voulu traiter les chofes de bonne foy, & payer au Sieur Marcara 156667. livres 14. fols 3. deniers portées audit eftat.

Ces termes ( *traittant les chofes de bonne foy comme elles fe font paffées, & dans la verité* ) defquels les fieurs Directeurs font une mauvaife interpretation, ne peuvent & ne doivent s'entendre que lors qu'ils agiroient de meilleure foy qu'ils n'avoient fait, & qu'ils traitteroient les chofes fans chicane, ainfi qu'il fe pratique entre gens d'honneur, & dans la verité de la geftion du fieur Marcara; mais nullement que les pretendus extraits de comptes du 22. Septembre 1670. ayent efté arreftez & fignez dans la verité & dans la bonne foy, le contraire eft formellement foûtenu dans le même acte ; mais ce qui porta le sieur Marcara à leur proposer les voyes amiables, de bonne foy & de verité, c'est qu'ils sembloient le promettre par l'aveu qu'ils faisoient dans le fol. 4. recto de leur Requeste * du 3. Aoust 1676. de la perte arrivée à S. Thomé alloüée dans le compte general du mois d'Aoust 1670. & dont leurs pretendus extraits ne font aucune mention. Voilà ce qui invita le sieur Marcara de leur faire signifier ledit acte, mais les sieurs Directeurs n'en ont pas accepté les conditions, ils n'ont pas payé au sieur Marcara les 156667. liv. 14. f. 3. d. qu'ils luy devoient dés ce temps là, ils ont agy avec autant ou plus de mauvaise foy qu'auparavant, & que n'avoit fait Caron son plus cruel ennemy, ils ont inventé de nouvelles chicanes en formant au Sr Marcara un procez criminel composé de 32. Chefs d'accusations, dont on n'avoit pas encore entendu parler depuis sept ans que le sieur Marcara avoit esté arrêté prisonnier ; ce qui n'estoit qu'une chicanne malicieuse, puisque ces accusations se sont trouvées fausses : Ainsi ils ne se peuvent pas prevaloir des offres, que le sieur Marcara leur a fait par ledit acte, que s'ils s'en veulent prevaloir, ils ne le peuvent pas diviser, ny par consequent s'empêcher d'executer les conditions qui y sont contenuës.

** Prod. par les Srs Direct. pardev. Monsf Turgot, au 2. sac, cotte M. joint à l'Instr.*

La quatriéme réponse du sieur Marcara est que les violences exercées contre luy pour luy faire signer ces pretendus comptes du 22. Septembre 1670. ont esté si publiques, que le Pere Navaret Espagnol Evêque de Mognil estant pour lors à Massulipatan en a fait la description avec des circonstances capables de tirer les larmes des yeux, dans le Livre * qu'il a fait de son voyage de la Chine & des Indes, qui est dans la Biblioteque du Roy, intitulé, *Trattados Historicos, &c. de la Monarchia de China, &c.* par lequel aux Chap. 23 & 24. pag. 388. & 389. il fait un recit des violences exercées contre le sieur Marcara lors de son emprisonnement, & à la pag. 390. aprés avoir montré avec combien de cruauté il fut traitté, en parlant desdits pretendus comptes du 22. Septembre 1670. il dit positivement à la ligne 28. du Chap. 25. *Qu'on presenta au sieur Marcara quatre pistolets chargez à l'estomac pour luy faire faire tout ce qu'on voulut.* Ce témoignage est dautant moins suspect, que ce bon Prelat estoit present à tout ce qui se passoit estant logé dans la maison de la Compagnie, pour s'acheminer en France, comme il y est venu dans ce temps-là, & que ce Livre a esté imprimé à Madrid il y a 13. ans par permission du Roy d'Espagne. Mais pour connoître encore mieux que le sieur Marcara n'estoit pas en état d'arrester ny de presenter des comptes dans sa prison de Massulipatan, puisqu'il avoit à tous momens la mort devant les yeux. Il ne faut que lire le propre Journal de Martin * que les sieurs Directeurs ont produit eux-mêmes, comme la meilleure piece de leur sac, ( sans aucune approbation prejudiciable.) Il parle en ces termes au fol. 4. recto, artic. 10. *Monsieur Goujon dans cette extremité avoit lâché la parolle qu'il falloit ôter la vie à Marcara.* Il ajoûte fol. 4. 1. *Il eut en effet la peur toute entiere ne voulant point regarder par les Grilles ou Barreaux de bois de la fenestrade de sa Chambre pour luy parler, s'imaginant que ledit sieur Dandron ne venoit à autre dessein que pour luy plonger un poignard ( qu'il tenoit à la main ) dans le sein.* fol. 6. recto, dit encore, *Qu'il fut trouvé à propos de luy dire que desormais il periroit, & seroit mis à mort,* fol. 6. v. lig. 13. dit *Qu'il fut resolu que du surplus Marcara seroit intimidé, & informé qu'à la moindre insulte on luy couperoit la teste. Monsieur Dandron voulut bien encore luy porter la parole, l'assurant qu'il seroit luy même son bourreau.* fol. 11. v. ajoûte, *Qu'il a esté lié les bras derriere le dos de peur d'aucune resistance le menaçant de mourir.* Après cela les sieurs Directeurs ont beau dire qu'il n'y a point eu de violences exercées contre le Sieur Marcara : tout parle contr'eux & contre leur cruauté : sa prison, ses fers, la voix publique & leurs propres pieces les condamnent.

** Ce livre imprimé est produit au 6. sac, cotte F.*

** Prod. au 3. sac, cotte H.*

## QUATRIEME PROPOSITION.

*Le sieur Marcara a signé un Compte le 30. Septembre 1670. par lequel il n'est debiteur que de 4522. livres, conformément au Compte general du mois d'Aoust 1670.*

La preuve de l'existance de ce compte du 30 Septembre 1670. se rencontre dans les propres pieces des sieurs Directeurs.

La premiere preuve se rencontre dans le propre Journal de Martin cy-devant cotté, art. 30. fol. 7. verso, du Vendredy 26. Septembre 1670. en ces termes : *Monsieur Goujon a dressé une Commission aux sieurs Deltor & Malfosse, la Rairie, du Portail, pour proceder à l'examen des Comptes de Marcara.* Il faut remarquer en passant, que les sieurs Directeurs ont fait dire à leurs témoins, que le compte qui a esté arresté en vertu de cette commission, est celuy du 22 Septembre 1670. Il paroist par le Journal que la commission ne fut donnée que le 26. ce n'est donc pas en vertu de cette commission que le compte du 22 Septembre a esté signé, leurs témoins qui ont parlé en ces termes ont donc deposé non seulement contre la verité, mais encore contre le bon sens.

Le Journal ajoûte à l'art. 38. fol. 8. verso, du Mardy 30 Septembre 1670. *Monsieur Martin a commencé de ce jour à se mieux porter, il a fait vendre les hardes du sieur Fourmentin, il a continué la commission donnée par Monsieur Goujon touchant l'examen des comptes de Marcara, lequel s'est trouvé debiteur suivant ses comptes qu'il a produit luy-même de 4522. liv.*

Les sieurs Directeurs produisent deux comptes qu'ils supposent avoir esté presentez par le sieur Marcara le 22. Septembre 1670. par l'un desquels ils le font debiteur de 17068 Roupies, valans 25602 liv. & par l'autre de 15829 Roupies, valans 23744 liv. Cependant il se voit que le 26 du même mois on dresse une commission pour examiner les comptes du sieur Marcara, & que le 30 ayant esté procedé à cet examen, il se trouva debiteur de 4522 liv. seulement.

Ces contrarietez font bien voir que Goujon, Martin & autres qui ont fait signer au sieur Marcara le pistolet sous la gorge les pretendus extraits de comptes du 22. Septembre 1670. ont tres-bien reconnu l'injustice de leur procedé, & c'est pour cela que Goujon estant au lit malade deux jours avant sa mort, pressé par sa conscience, donna cette commission d'examiner le compte general du mois d'Aoust 1670. & de le rectifier comme il a esté le 30 Septembre ensuivant, & on ne peut pas douter que lors que Martin dit, *suivant ses comptes qu'il a produits luy-même*, qu'il entend parler du compte du mois d'Aoust 1670. parce qu'il est suffisamment prouvé, & les sieurs Directeurs n'en disconviennent pas, que les pretendus comptes du 22 Septembre 1670. n'ont pas esté produits par le sieur Marcara, mais qu'ils luy furent presentez par Deltor & Malfosse pour les luy faire signer.

Il faut encore remarquer que ce Journaliste avoüe en cet endroit que le sieur Marcara ne doit que 4522 liv. cependant il parle en ces termes au fol. 10. verso de sondit Journal, *J'ay envoyé dire à Madmoubecq*, c'estoit le Gouverneur de la Province, *que je donnerois la liberté à Marcara, s'il vouloit payer à la Compagnie 50000 Roupies que l'on luy demandoit, qu'il estimoit plus cette somme que sa personne*; il n'y a point de Corsaire qui eût demandé une plus grosse rançon; cet endroit justifie que Martin reconnoissoit l'innocence du sieur Marcara, car s'il l'avoit crû coupable, il ne luy auroit pas esté permis de luy donner la liberté moyennant 50000 Roupies de rançon.

La deuxiéme preuve de l'existence du compte du 30 Septembre 1670. se rencontre dans les depositions des témoins ouys au Grand Conseil.

Charles Germain huitiéme témoin au fol. 304. recto de l'information dit, que *le sieur Martin ayant continué aux sieurs Deltor & Malfosse, la Rairie & du Portail, la commission que le sieur Goujon leur avoit donnée, ledit Marcara se trouva debiteur d'une somme de 4522. liv.* & le sixiéme témoin au fol. 241. verso de ladite information dit en ces termes, *lequel cependant travailla à ses comptes ( du sieur Marcara ) où il se trouva debiteur de quatre mil tant de livres, lesquels luy furent presentez pour signer, & qu'il signa.* Il ne faut pas que les sieurs Directeurs disent que ce n'est qu'une preuve par témoins, qui n'est pas admissible pour un reliquat de compte qui monte à plus de cent livres, puis que premierement le Journal de Martin n'est pas une preuve par témoin: & en second lieu, les témoins ont esté produits par les sieurs Directeurs contre le sieur Marcara dans un procez criminel qu'ils luy ont fait au Grand Conseil, & par consequent tout ce que ces témoins ont dit pour luy, fait pleine preuve en sa faveur contre les sieurs Directeurs, qui ne sont pas recevables à proposer de nouveau des faits, sur lesquels il a esté statué par l'Arrest du 30 Mars 1680.

Il est donc constant que le sieur Marcara a signé un compte le 30 Septembre 1670. par lequel il n'est redevable que de 4522 liv. les sieurs Directeurs en estant convaincus par leurs propres pieces en sont enfin demeurez d'accord dans le fol. 18. recto de leur inventaire de production du 23. Janvier 1681. * Mais ils ont dit au même endroit, *que si le compte ou comptereau du 30 Septembre 1670. est bon, celuy du vingt deux dudit mois l'est également, parce qu'il n'estoit pas plus libre lors du dernier qu'il l'a esté au temps du premier: ils ajoûtent, que bien loin que le dernier compte serve pour donner atteinte au premier, parce qu'ils sont differens en apparence, ils sont les mesmes en effet, & ne doivent passer que pour un mesme compte par leur relation & leur dependance necessaire. & qu'il a rapporté dans le*

*dernier*

* Cet Invent.<br>de product.<br>est au 1. sac<br>des Srs Direct

*dernier le debet du premier, sur lequel il a precompté ses pretendus appointemens depuis le commencement de sa commission, jusqu'au jour de sa destitution, & c'est la seule cause de cette difference, dont voicy la preuve.*

*Dans le premier compte ou comptereau, ledit Marcara a fait mettre la soulte du compte du vingt deux Septembre de 15829 Roupies seize pezats, valans 23744 liv. Il s'est de plus chargé de recepte de 1738 liv. 12 s. par luy receus en France au Fort Dauphin & dans la Marie, & de 49 liv. 15 s. pour hardes par luy prises en l'inventaire de feu sieur Roussel, de sorte que ces trois parties montant ensemble à 25532 liv. 9 s. & deduisant 21000 liv. qu'il retenoit par ses mains pour ses pretendus appointemens, il s'est trouvé rester ladite somme de 4532 liv. de laquelle il a formé le dernier compte.* Et pour tâcher de persuader ces faits, au lieu de representer le veritable compte signé par le sieur Marcara, ils ont hardiment fabriqué & produit deux broüillons qu'ils appellent comptereaux, qui serviront à faire éclater de plus en plus la mauvaise foy, la malice & l'ignorance des sieurs Directeurs, aprés que le sieur Marcara en aura fait voir les nullitez & les faussetez. *Object. des Directeurs.*

Premierement ce ne sont que des papiers sans dattes & sans signatures, ny privées, ny publiques, dans lesquelles il ne se trouve aucun engagement du sieur Marcara: enfin ce sont des pieces fabriquées, sans la participation du sieur Marcara, par les sieurs Directeurs ou leurs Commis dans leur Bureau, *sunt instrumenta domestica quæ non faciunt fidem l.5. Cod. de probat.* *Réponses de Marcara.*

En second lieu, pour marque que ces pretendus comptereaux sont des pieces fabriquées & faites nouvellement, ausquelles on ne doit avoir aucun égard ny ajoûter la moindre croyance ; car, *Exemplo perniciosum est ut ei scripturæ credatur, quâ quisque sibi annotatione propria debitorem adscribit l. 7. Cod. eod.* c'est que les sieurs Directeurs ne les ont alleguées que depuis qu'ils ont esté obligez de convenir que le sieur Marcara avoit signé un compte le trente Septembre 1670. par lequel il n'étoit redevable que de 4522. liv. n'en ayant jamais parlé au Conseil devant Monsieur Turgot de S. Clair, ny au procez criminel du Grand Conseil ; C'étoit pourtant l'endroit où ils auroient dû se servir de ce pretendu comptereau, dans lequel ils supposent que le sieur Marcara a employé 21000. liv. pour ses appointemens, parce que le sieur Marcara ayant esté interrogé à l'art. 161. des interrogatoires à luy faits sur ce sujet, il a répondu qu'il avoit signé un compte le trente Septembre 1670. par lequel il n'étoit redevable que de 4522. liv. qu'il avoit mis au bas de sa signature, sans prejudice de toutes ses pretentions, & que dans ce compte il n'avoit pas employé ses appointemens ; si cette réponse n'avoit pas esté veritable, & que ce pretendu comptereau eust esté une piece recevable, les sieurs Directeurs n'auroient pas manqué de le produire dans ce temps-là pour détruire la réponse du sieur Marcara & obtenir les condamnations qu'ils demandoient contre luy, mais ils n'ont pas osé le faire, en sorte que les dissimulations dont ils ont usé en ce rencontre, jointes à l'Arrest du trente Mars 1680. les condamnent manifestement.

En troisiéme lieu, si surabondamment on examine les articles, dont ces pretendus comptereaux sont composez, on n'y verra qu'une suite d'impostures ; & pour les faire concevoir plus sensiblement, il est bon d'exposer icy ces articles comme ils sont écrits par les sieurs Directeurs ou leurs Commis.

Par le premier comptereau, qu'ils ont produit sous la cotte M. de leur production principale, ils font le sieur Marcara debiteur d'une somme de 300 liv.

*Extrait du Livre des engagez de la Compagnie des Indes Orientales, tenu à l'Isle Dauphine a fol. 182.*

*Martin Marcara doit,* 29. Aoust 1667.

*Au Livre de rencontre des effets de la Compagnie a fol. 21.*　　　　*l.* 81. 12

Pour détruire cet article le sieur Marcara a produit au quatriéme Sac, cotte G. la piece suivante.

Monsieur Marcara pour Messieurs de la Compagnie doit, à lui livré du 29. Aoust 1667.

| | l. | | |
|---|---|---|---|
| Trois aulnes Toille de voile, à 40. s. | l. | 6 | |
| Deux Villes de lit, à 10. s. | l. | 0 | 10 |
| du 15. Octobre. 15. aulnes Droguet, à 35. s. | l. | 26 | 5 |
| Une aulne & demie Toille Roüen blanc, à 42. s. | l. | 3 | 3 |
| Une once Soye. | l. | 2 | |
| Huit aulnes Padou, à 3. s. | l. | 1 | 4 |
| | l. | 39 | 2 |

J'ay receu le contenu cy-dessus par les mains du Sieur Pocquet. Fait au Fort Dauphin ce 14. Octobre 1667. *Signé*, Du Guet.

Ce du Guet estoit Marchand & garde Magazin de la Compagnie au Fort Dauphin, qui a mis dans ce memoire tout ce qu'il a fourni au sieur Marcara pendant tout le temps qu'il a esté au Fort Dauphin en l'année 1667.

Ce premier article est donc déja une fausseté, puisque les sieurs Directeurs y employent ce qui ne leur est pas dû, & que le sieur Marcara a une bonne quittance de ce qu'il pouvoit devoir & qu'il a payé; il faut passer au second article du pretendu extrait des sieurs Directeurs.

### 14. Octobre.

*A Caisse qu'il a receu de E. Serve.*     *l.* 160.

Pour soutenir cet article, il faudroit que Serve dans les comptes qu'il a dû rendre à la Compagnie, eut rapporté une Ordonnance de la Compagnie, avec une quittance ou billet du sieur Marcara, parce qu'on sçait bien qu'un Caissier ne donne point & ne doit point donner de l'argent sans ordre de ses Maistres & sans quittance de celuy à qui il dit l'avoir payé, & par l'art. 38. de la Relation de la Compagnie de l'année 1665. il est expressement porté, *que celuy qui aura soin de la Caisse, observera de ne rien payer sans l'ordre du Conseil.* Les sieurs Directeurs ne rapportent ny Ordonnance endossée du sieur Marcara, ny billet ou quittance signée de luy, & par consequent l'article est insoutenable & faux; Il faut passer aux autres articles qui composent le reste de l'extrait des sieurs Directeurs.

### 1. Juillet 1668.

*Au Livre de rencontre des effets de la Compagnie.*     *l.* 945.

### 9. Aoust.

*Au Livre de rencontre des effets de la Compagnie.*     *l.* 25. 5.

### 13. Dudit.

*Au Livre de rencontre des effets de la Compagnie.*     *l.* 29. 17.

*A J.B. la Corderie pour paire Souliers appert au Carnet à fol. 52. l.*    4. 10.

*Au Navire la Mazarine pour un Chapeau dont il est fait debiteur au Livre du bord à fol. 45.*     *l.* 45. 19.

1265. 10. 3 d.

Pour ces cinq autres articles le sieur Marcara a encore produit au quatriéme Sac, cotte G, la piece suivante.

Monsieur Marcara doit au Magazin du Fort Dauphin à luy livré du 1. Juillet 1668.

| | l. | | |
|---|---|---|---|
| 1. Piece Padou | l. | 1. | 4. |
| 1. Peigne de corne | l. | | 5. |
| 23. Juillet. 1. Estuy garny | l. | | 15. |
| 1. Main de Papier | l. | | 8. |
| 1. Carteron de Plumes | l. | | 16. |
| 1. Mains grand Papier à 10. s. | l. | 1. | |
| 3. Aoust. 2. l. Rassade à 8. l. | l. | 12. | |
| 6. Aoust. 2. Pieces Alajas à 5. l. | l. | 10. | |
| 2. Pieces Chitte de Surens | l. | 5. | 5. |
| 1. Once Soye | l. | 2. | 18. |
| 6. Douxaines Boutons à 3. s. | l. | | 18. |
| 2. Aulnes Baftas bleu à 16. s. | l. | 1. | 12. |
| 9. Aoust. 2. l. Rassade bleu à 6. l. | l. | 12. | |
| 1. Aulne & demie Baftas bleu à 16. s. | l. | 1. | 4. |
| 10. Dudit. 4. Onces fil des Indes à 5. s. | l. | 1. | |
| 4. Menilles d'argent pesants 2. onces | l. | 10. | |
| 17. dudit 1. Chapeau | l. | 6. | 15. |
| 1. Piece Berempere | l. | 4. | |
| 1. Piece Pissandy | l. | 5. | |
| 2. Aul. Baftas bleu à 16. s. | l. | 1. | 12. |
| 2. doux. Boutons à 3. s. | l. | | 6. |
| 1. Aul. Toille | l. | 2. | 10. |
| 2. Aul. deux tiers Gance à 4. s. | l. | | 18. 8. |
| 28. Septembre. 18. l. Sucre à 12. s. | l. | 10. | 16. |
| 5. Octobre. 13. Aul. Brocard à 7. l. 10. s. | l. | 97. | 15. |
| 8. Aul. 7. huitiémes Dict à 30. l. | l. | 268. | 16. |
| 9. doux. Boutons à 18. l. 4. s. gr. | l. | 13. | 13. |
| 2. Aul. Dentelle d'argent à 10. l. 10. s. | l. | 21. | |
| | l. | 495. | 13. 8. |

| | l. | | |
|---|---|---|---|
| Pour le montant de l'autre part | l. | 495. | 13. 8. |
| 1. Once & demie de Soye | l. | 2. | |
| 5. Aulnes Toille Serampolis    à 20. f. | l. | 5. | |
| 2. Castors    à 43. l. | l. | 86. | |
| 2. l. Chandelles    à 10. f. | l. | 1. | |
| 2. Aulnes & demy Galon d'or    à 4. l. 7. f. | l. | 9. | 15. |
| 1. Piece Ruban large figuré, | l. | 9. | |
| 8. Octobre. 1. Grosse Boutons d'or | l. | 11. | |
| 2. Aulne 3. huit. Gallon d'or    à 4. l. 7. f. | l. | 5. | 19. |
| 6. Pieces Ruban large    à 9. l. 12. f. | l. | 57. | 12. |
| 1. Piece Dict moyen | l. | 7. | 4. |
| 2. Pieces estroit    à 5. l. | l. | 10. | |
| 2. Pieces Dict    à 6. l. | l. | 12. | |
| 4. Aulnes 2. tiers Habarg | l. | 4. | 13. |
| Du 10. O. 4. Mouchoirs    à 6. f. | l. | 1. | 4. |
| 3. Peignes    à 22. f. | l. | 3. | 6. |
| 1. Dict | l. | | 16. |
| 10. Aulnes Papeline musque    à 5. l. | l. | 50. | |
| 2. Once Soye. | l. | 2. | |
| 1. Espée garde d'argent. | l. | 62. | 15. |
| 3. Aulnes un douz. Brocard broché d'or    à 21. l. | l. | 68. | 8. |
| 3. Aul. 7. huit. Dentelle or & argent    à 8. l. 3. f. | l. | 31. | 11. |
| 4. Aulnes Dict    à 5. l. | l. | 20. | |
| 12. Dud. 2. Pieces Alajas    à 4. l. 10. f. | l. | 9. | |
| 3. Aulnes Toiles bleüe    à 16. f. | l. | 2. | 8. |
| 3. douz. Boutons | l. | | 15. |
| 3. Aul. Toille escreuë    à 15. f. | l. | 2. | 5. |
| 2. Gros, Soye | | | 10. |
| | l. | 975. | |
| 3. Aulnes & demy Toile Royale    à 40. f. | l. | 7. | |
| 2. Visses de Lit    à 8. f. | l. | | 16. |
| Il faut déduire | | 883. | 12. 10. |

J'ay receu de Monsieur Marcara la somme de neuf cens soixante cinq livres dix sols pour soude du compte cy-contre. Fait au Fort Dauphin le 13. Octobre 1668 *Signé*, Du Guet.

Plus j'ay receu dudit Sieur Marcara la somme de quarante trois livres dix sols pour le compte de Bonaventure Colon du Sieur de Pontesson, dont je le quitte. Fait audit Fort Dauphin, ce 13. Octobre 1668. *Signé*, Du Guet.

Par ces preuves il est clair comme le jour que le sieur Marcara ne doit rien du Fort Dauphin, & que les sieurs Directeurs ont mal dressé les Escritures de leurs livres, puisque cet extrait qu'ils en ont tiré, par lequel ils font le sieur Marcara debiteur de 300. liv. est manifestement faux.

On a bien quelques fois veu des gens d'assez mauvaise foy pour demander des sommes, dont ils ont donnez quittances, mais pour persister en la mesme demande, aprés que les quittances sont produites au Procez, il faut estre Directeurs de la Compagnie des Indes Orientales.

On ne croira pas que les sieurs Directeurs, qui sont tous riches, & qui se disent *Gens d'honneur, dont la reputation est establie & la probité connue*, soient capables de falsifier leurs livres pour une somme de 300. liv. Cependant cela est prouvé par pieces authentiques: Mais ce n'est pas assez que de faire voir la fausseté de leurs livres & de cet extrait qu'ils en ont tirez, il est important de penetrer les motifs, pour lesquels ils s'opiniastrent si fort à soustenir cette belle piece.

C'est qu'ayans malicieusement suposé que le sieur Marcara avoit employé sur les 23744. liv. pretendues deües par les extraits de comptes du 22. Septembre 1670. la somme de 21000. l. pour ses appointemens, & que c'estoit ce qui faisoit dire à Martin qu'il n'estoit debiteur que de 4522. liv. ils ont reconnu que cette supposition estoit trop visible, car si on oste 21000. liv. de 23744. liv. il ne restera que 2736. liv. & comme leur calcul n'estoit pas juste, & qu'ils avoient besoin de quelques sommes pour l'ajuster & trouver un reliquat de 4522. liv. dont parle le journal de Martin, ils ont hardiment fabriqué cette belle piece, dont la fausseté sera encore reconnuë par le moyen d'une autre piece de mesme fabrique qu'ils ont produit sous la Cott. F. de leur production principale, pretendans la faire passer pour le compte que le sieur Marcara a signé le 30. Septembre 1670. quoyqu'elle ne soit ny signée ny dattée; la fausseté de l'une prouve la fausseté de l'autre, & pour le monstrer, le sieur Marcara en rapportera encore icy les articles dont elle est composée.

*Au Comptoir de Maſſulipatan,*

*Martin, Marcara doit*
*Pour ſoulde de ſa Caiſſe*                         R. 15829. 16. *l.* 23744. 2.

Comme le ſieur Marcara a déja fait voir l'exiſtance & la realité de ſon compte general du mois d'Aouſt 1670. & de celuy du 30. Septembre enſuivant, par leſquels il n'eſt redevable que de 4522. liv. & que les pretendus extraits de comptes du 22. Septembre 1670. ont eſté extorquez de luy avec des violences, qu'il n'eſt pas neceſſaire de repeter ce premier article n'eſt ny recevable, ny ſuportable, parce qu'il ſe detruit par les mêmes moyens que ceux du 22. Septembre 1670. dont il n'eſt que le precis.

*Qu'il a receu en France, Fort Dauphin que dans la Marie.*           *l.* 1738. 12.

Les ſieurs Directeurs pretendent avoir compoſé ce ſecond article de la ſomme de 1500. liv. portée par l'obligation du Sr Marcara du 13. Novembre 1666. d'une part, & celle de 300. l. pretenduë duë par le moyen du broüilon, dont le Sieur Marcara vient de faire voir la fauſſeté, cependant ces deux ſommes qui devroient faire celle de 1800. l. ſe trouve reduite à celle de 1738. liv. 12. ſ. comment accorder cela ? N'eſt ce pas là une preuve demonſtrative de leurs contrarietez, erreurs & fabrications aprés coup ?

*Pour hardes à l'Inventaire de deffunct ſieur Rouſſel.*           *L.* 49. 15.

Le ſieur Marcara ne doit rien de l'Inventaire de Rouſſel, mais la raiſon pour laquelle les ſieurs Directeurs ont inventé ce dernier article, de même que celuy de 300. liv. qu'ils ont reduit a 238. liv. a eſté, comme on a déja dit, pour tâcher de trouver un reliquat de 4522. liv. comme il eſt dans le compte general du mois d'Aouſt & dans celuy du 30. Septembre 1670. Et pour cela il faut conſiderer qu'ils ont pretendu que le ſieur Marcara eſtoit debiteur envers eux de la ſomme de 23744. livres 2. ſ. celle de 1500. liv. de celle de 300. liv. & de celle de 49. liv. 15. ſ. toutes leſquelles ſommes enſemble font celle de 25593. liv. 17. ſ. ſurlaquelle defalquant, ſelon la mauvaiſe ſupputation des ſieurs Directeurs 21000. liv. le reliquat ſeroit de 4593. liv. 17. ſ. ce qui porteroit une ſomme de 71. liv. 17. ſ. au delà du veritable reliquat, qui n'eſt que de 4522. liv. c'eſt pour cela qu'ils ont reduit leur injuſte pretention de 300 l. à celle de 238 l. en quoy on trouve une nouvelle preuve de fauſſeté, parce que cela ne s'ajuſte pas encore au journal de Martin, & l'erreur des ſieurs Directeurs eſt toujours viſible , comme elle a eſté cy devant découverte.

En quatriéme lieu, les appointemens du ſieur Marcara ne pouvoient jamais eſtre reduits à la ſomme de 21000. liv. Car, 1. à les compter depuis le 23. Decembre 1666. juſqu'au 21. Septembre 1670. jour de ſon empriſonnement, à raiſon de 7200. liv. par an, ils ſe montent à la ſomme de 27000. l. 2. Quand on voudroit ſuivre toutes les ſuppoſitions des ſieurs Directeurs ( ſans neanmoins approuver leurs ſentimens ) & ne compter leſdits appointemens que depuis le premier Octobre 1667. juſqu'audit jour 21. Septembre 1670. ils ſe monteroient à la ſomme de 21400. l. & on ne voit pas pourquoy les ſieurs Directeurs veulent reduire dans leurs fabriques ces appointemens à la ſomme de 21000. l. ſi ce n'eſt pour ajuſter leur compte & tâcher de trouver un Reliquat de 4522. liv. en quoy on trouve encore une autre preuve de fauſſeté.

En cinquiéme lieu, il y a une repugnance viſible contre le bon ſens de dire qu'on ait voulu compter au ſieur Marcara ſes appointemens, dans un temps qu'on le tient priſonnier les fers aux pieds. Martin de luy-même n'en avoit point le pouvoir ; d'autre coſté l'ordre de Caron porte d'arreſter le ſieur Marcara vif ou mort , laiſſant à la prudence de Goujon & Martin de l'arreſter en vie, mais non pas de luy payer ſes appointemens ; en ſorte que toutes les fabriques des ſieurs Directeurs ne font voir autre choſe , ſinon leur deſſein formé & executé depuis plus de 18. ans , de ne rien payer , s'ils pouvoient, au ſieur Marcara, & de le tourmenter par toutes ſortes de fatigues imaginables , & que la principale raiſon pour laquelle ils font tant de chicanes pour empêcher le jugement de l'inſtance , eſt afin d'avoir le temps de faire falſifier leurs Livres des Indes , pour en tirer des faux extraits tels que ceux-cy.

Les ſieurs Directeurs ſe voyans convaincus de fauſſeté ont eu recours à un nouvel artifice ſur le ſujet du compte que le ſieur Marcara a ſigné le 30. Septembre 1670. Ce n'eſt plus un compte que le ſieur Marcara a formé , comme ils ont dit dans le fol. 18. v. de leur Inventaire de production, du 23. Janvier 1681. ce n'eſt plus *un Titre de reduction que le ſieur Marcara s'eſt fait à ſoy-même,* comme ils ont dit dans le fol. 16. recto de leur contredit du 8. Juin 1682. Ils changent de langage aujourd'huy, ils diſent que la piece, dont le ſieur Marcara a fait voir la fauſſeté, & qui a eſté fabriquée

quée depuis peu , eſt un projet fait par Martin, qu'il n'y a point eu d'autre compte, & que c'eſt en conſéquence de ce projet, qui n'eſt ny ſigné, ny arreſté de perſonne, que led. Martin a dit dans ſon Journal que le ſieur Marcara eſt demeuré debiteur de 4522. liv. mais qu'il doit eſtre entendu, deduction faite dé ſes appointemens, & pour appuyer cette impoſture, ils ont rapporté l'endroit du Journal tout au long, que le ſieur Marcara a tronqué, diſent-ils, pour ſurprendre ſes Juges; mais ils ne s'apperçoivent pas qu'en parlant en ces termes ils contrediſent eux-mêmes le Journal de Martin dont ils pretendent ſe ſervir contre le ſieur Marcara , c'eſt ce qu'il faut montrer en le rapportant tout au long.

*Monſieur Martin a commencé de ce jour à ſe mieux porter, il a fait vendre les hardes du ſieur Fourmentin, il a continué la commiſſion donnée par Monſieur Goujon touchant l'examen des comptes de Marcara, lequel s'eſt trouvé debiteur ſuivant ſes comptes qu'il a produit luy même de 4522. liv.* Ce pretendu projet dit 4532. liv. ce n'eſt donc pas en conſéquence de ce projet que Martin a parlé, puiſqu'il y a de la contradiction. D'autre coſté le journal dit poſitivement que le ſieur Marcara s'eſt trouvé debiteur de 4522. liv. *ſuivant ſes comptes qu'il a produits luy-même;* ce qui ne ſe peut entendre autrement que ſuivant le compte general du mois d'Aouſt 1670. ce n'eſt donc pas ſuivant ce pretendu projet, qu'ils diſent avoir eſté fait par Martin, puiſqu'il eſt conſtant que ce n'eſt pas le ſieur Marcara qui *l'a produit luy même;* les ſieurs Directeurs ne ſont donc pas d'accord avec leurs propres pieces. Le journal continuë *ſans prejudice de toutes les autres pretentions.* Martin a ajoûté ces mots, parce que le ſieur Marcara a mis au bas de ſa ſignature, ſans prejudice de toutes ſes pretentions, qui eſtoient ſes appointemens & ſes dommages & intereſts. Cependant les ſieurs Directeurs veulent interpreter ces mots en leur faveur, & ſoûtiennent que ces termes ne regardent que la Compagnie. Mais de quel front oſent-ils ſoûtenir une choſe ſi oppoſée non ſeulement à la verité, mais encore à toute vray-ſemblance ? En effet y a t-il apparence que quatre pretendus Commiſſaires, dont fait mention le Journal , nommez pour examiner les comptes du ſieur Marcara aprés avoir eſté employez conjointement avec Martin depuis le 26. juſqu'au 30 Septembre 1670. à l'examen deſdits comptes , ayent obmis les pretentions que la Compagnie pouvoit avoir ? N'eſtoient ils pas les Maîtres d'y employer tout ce que bon leur ſembloit ? Le Journal pourſuit, *Il luy a fait commandement de payer ladite ſomme inceſſamment,* ils n'en faut pas d'avantage pour convaincre les ſieurs Directeurs d'impoſtures, lors qu'ils ſuppoſent que le compte que le ſieur Marcara à ſigné le 30. Septembre 1670. n'eſt qu'un projet fait par Martin: On n'a jamais oüy dire qu'on ait fait commandement à qui que ſoit de payer une ſomme en vertu d'un ſimple projet fait par la partie adverſe, & on ne peut faire un commandement qu'en vertu d'une Sentence, d'un acte, ou d'un compte ſigné dans les formes, ainſi non ſeulement ce commandement prouve que le compte fut arreſté, & ſigné. Mais cela eſt encore prouvé par la depoſition cy-devant citée de la Rairie ſixiéme témoins, produit par les ſieurs Directeurs contre le ſieur Marcara au Grand Conſeil, ce témoin en parlant de Martin dit poſitivement ces mots, *lequel cependant travailla à ſes comptes* ( du ſieur Marcara ) *où il ſe trouva debiteur de quatre mil tant de livres, leſquels luy furent preſentez pour ſigner, & qu'il ſigna.* Et ce qui eſt de remarquable, c'eſt que ce témoin pouvoit parler d'autant plus poſitivement de ce fait, qu'il eſtoit un des Commiſſaires nommez par la commiſſion de Goujon du 26. Septembre 1670. pour l'examen deſdits comptes , & que ce fut luy-même avec les autres qui fit ſigner au ſieur Marcara ledit compte du 30. Septembre 1670 à quoy ajoûtant le commandement de Martin, la ſignature dudit compte ne peut plus eſtré revoquée en doute; ce n'eſt donc pas en vertu de ce projet allegué par les ſieurs Directeurs que le commandement a eſté fait au ſieur Marcara, & l'on voit en effet au bas de ce pretendu projet qu'il n'y a aucune mention de commandement.

Le Journal dit encore : *Et pour toutes réponſes il a dit, qu'il n'avoit pas un ſols, & que tout ſe termineroit à Surate où il iroit aprés avoir achevé quelques affaires qu'il avoit en ce pays, qu'il avoit dépenſé cettedite ſomme pour les affaires de la Compagnie, & encore ſes gages & appointemens montans à 11000 liv. & beaucoup d'argent d'ailleurs montant à 9000 Roupies qu'il avoit à luy appartenans & à ſon frere, que de tant d'argent qu'il avoit conſommé pour le bien de la Compagnie, il n'en avoit jamais voulu mettre rien en compte, & qu'il n'en auroit jamais voulu parler, s'il ne s'étoit vû reduit à l'extremité où il eſtoit; La nuit luy fut donnée pour chercher les moyens de payer ladite ſomme de 4522 liv. & qu'on remettoit au lendemain à parler plus amplement de ſes affaires.* Voila tout ce que les ſieurs

Directeurs ont pour soutenir que le sieur Marcara a employé ses appointemens dans le compte qu'il a signé le trente Septembre 1670. qu'ils ne veulent pas representer; mais cet endroit du Journal est extremement faux, c'est ce que le sieur Marcara a justifié plus amplement lors que les sieurs Directeurs luy ont fait un procez criminel au Grand Conseil sur ce sujet, & lors qu'il a esté interrogé à l'art. 162. de ses interrogatoires audit Grand Conseil, pour sçavoir de luy, *s'il n'est pas vray que lors que ledit Martin fit faire commandement à luy répondant de payer ledit reliquat sans prejudice des autres pretentions de la Compagnie, il répondit qu'il n'avoit pas un sol, & que tout se termineroit à Surate?* Il a répondu comme il fait encore aujourd'huy, *qu'il est vray qu'il répondit qu'il n'avoit point d'argent, que si on luy avoit eu payé ses appointemens, qu'il auroit eu dequoy payer la Compagnie; que si ce n'eust esté que pour cela qu'il avoit esté arresté, il y avoit des gens du pays qui payeroient pour luy & qui l'avoient offert, comme il paroist par le Journal de Martin, & que quand il signa, il écrivit, sans prejudice de mes pretentions, & qu'ainsi ces termes ne pouvoient pas s'appliquer à la Compagnie, mais contre la Compagnie.*

Les sieurs Directeurs conviennent qu'en ce temps-là ce commandement estoit entre leurs mains, il est certain que si cette réponse du sieur Marcara n'étoit pas veritable, ils auroient produit ce commandement pour la détruire, mais ils s'en sont bien donné de garde, parce qu'ils auroient esté convaincus par cette piece, & afin qu'on ne les oblige pas de la representer, ils supposent malicieusement qu'il *a esté perdu depuis l'instance commencée,* mais ce détour est grossier, puis qu'ils n'auroient pas manqué de produire une piece si necessaire à l'éclaircissement de la verité & dont ils pretendent tirer tant d'avantage, de mesme qu'ils ont produit une quantité de pieces faites en même temps, qu'ils ont trouvées propres à persecuter le sieur Marcara.

## Conclusion sur la matiere des Comptes.

Pour conclure cette matiere, il faut prendre garde à un dernier artifice pratiqué par les sieurs Directeurs, quand ils disent qu'il faut compter de nouveau, que quand même le sieur Marcara representeroit le compte general du mois d'Aoust 1670. avec un reliquat liquide & certain, il ne pourroit pas empêcher qu'on ne procedast à un autre compte, pour peu qu'on découvrist des erreurs, & qu'enfin pour composer ce pretendu nouveau compte, il ne faut point de papiers.

Mais tout cela n'est qu'un amas confus de paradoxes qu'il est aisé de surmonter.

Premierement le sieur Marcara ayant apporté plus de preuves qu'il ne faut de la realité & de l'existance du compte du mois d'Aoust 1670. entre les mains desdits sieurs Directeurs, il ne leur suffit pas de dire qu'il faut compter de nouveau, parce qu'il faudroit avant toutes choses qu'ils representassent & communiquassent ce compte du mois d'Aoust 1670. sans quoy on ne pourroit pas pretendre en faire un nouveau; quand on demande à faire un nouveau compte, il faut que ceux qui le demandent rapportent l'ancien, & c'est ce que lesdits sieurs Directeurs ne veulent & n'osent faire, comme il a esté tant de fois repeté, crainte de leur condamnation.

En second lieu, il n'est pas encore raisonnable ausdits sieurs Directeurs de pretendre un compte nouveau sans articuler precisément des erreurs du compte ancien, & les prouver, & pour cela il faudroit toûjours en revenir à la representation du compte du mois d'Aoust 1670. qui est leur pierre d'achoppement qui ses blesse & les ruine.

En troisiéme lieu, le sieur Marcara a prouvé plus clair que le jour que les sieurs Directeurs ayans eu la temerité de former autant de chefs d'accusations contre luy, qu'ils ont imaginé d'incidens sur tous ces comptes, il en a esté renvoyé absous par l'Arrest du trente Mars 1680. aprés lequel ils ne sont pas recevables à rebattre cette matiere de comptes, & le sieur Marcara en doit estre crû sur sa simple affirmation contre eux & non pas eux contre luy: & c'est en cela qu'il y a bien de la difference entre un serment deferé en Justice par la partie sur de simples faits & articles, & un serment excité par l'Office du Juge, selon la matiere de l'affaire, à l'instigation d'une partie civile, qui a formé une accusation criminelle, au premier cas la confession ou declaration de celuy qui est interrogé sur faits & articles ne fait pas absolument une pleine preuve; mais au dernier cas, lors que le Juge du procez criminel a renvoyé l'accusé absous, tous les interrogatoires ou réponses de l'accusé sont des preuves liquides contre les accusateurs, en sorte que le sieur Marcara ayant parfaitement rendu compte dans ses interrogatoires de tout ce qui s'est passé sur les comptes de question, & ses réponses ayans operé sa justification & son absolution, elles ont dés ce moment formé & étably des veritez incontestables pour luy que les sieurs Directeurs ne peuvent troubler en aucune maniere; c'est ce qui doit produire encore une reflexion sur l'aveuglement des sieurs Directeurs, qui parlent comme des étourdis, lors qu'ils comparent les interrogatoires du sieur Marcara à ceux de ces miserables qui ont passé par le dernier supplice, comme si les réponses d'un accusé innocent étoient aussi méprisables que celles d'un accusé coupable & condamné, & comme si on ne sçavoit pas que les premieres sont les instrumens de la verité & de l'innocence, & les dernieres les titres du crime, & de l'imposture.

Enfin il n'est point necessaire de papiers, puis que le sieur Marcara n'a pas besoin de comptes, tout est reglé, & il n'est pas même juste qu'aprés 18. ans & plus de persecution, on le vienne maintenant tourmenter pour des comptes, dont on luy a fait des crimes qu'il a purgez par l'Arrest du 30. Mars 1680. Mais le sieur Marcara soûtient par une fin de non recevoir peremptoire, que supposé la representation du compte du mois d'Aoust 1670. les sieurs Directeurs ne pourroient pas demander un nouveau compte, parce qu'ils ont enlevé tous les papiers & effets du sieur Marcara sans en avoir fait faire un inventaire & sans autorité legitime, & sur cela ils ne peuvent pas dire que leurs livres en doivent être crus, non seulement parce que selon la regle generale *faciunt contra producentem*, mais encore, parce que s'étans servis des notions qu'ils ont puisé dans ces livres pour accuser le sieur Marcara au Grand Conseil, en quoy ils n'ont pas réussi, ils ne peuvent pas les employer de nouveau contre luy, principalement aprés qu'il a fait voir qu'ils sont tous remplis d'erreurs & de faussetez grossieres ; en sorte que, soit par les fins de non recevoir qui sont convainquantes contre lesdits sieurs Directeurs, soit par le merite du fond que le sieur Marcara a penetré surabondamment, il paroist que lesdits sieurs Directeurs n'ont point de droit d'exciper contre luy d'un pretendu nouveau compte, aprés qu'il a esté envoyé absous par l'Arrest du 30. Mars 1680. de toutes les accusations qui luy ont esté imposées sur ce sujet.

## SECONDE DEMANDE DES SIEURS DIRECTEURS.

### de la somme de 1500. livres portée par l'obligation du Sieur Marcara du 13. Novembre 1666.

Cette seule demande des sieurs Directeurs est juste : le sieur Marcara a toûjours offert de déduire cette somme de 1500. livres sur ce qui luy est dû.

## TROISIEME DEMANDE DES SIEURS DIRECTEURS

### de la somme de 4824. livres pretenduës payées à l'acquit du Sieur Marcara.

Les sieurs Directeurs ont pretendu que le Gouverneur de Massulipatan, lors de l'emprisonnement du Sieur Marcara avoit voulu empêcher qu'on embarquast les marchandises de la Compagnie, jusqu'à ce qu'on ait payé 900. pagodes d'or valans 4824. livres que l'on supose avoir esté empruntées de Mirsadaly par le sieur Marcara, que suivant deux déliberations prises par quelques Commis de la Compagnie, qui étoient sur les lieux, le Bagnan de la Compagnie fit son billet de cette somme payable dans quatre mois, lequel, disent-ils, fut acquitté à son écheance, ils suposent même que le sieur Marcara est demeuré d'accord dans l'art. 157. de ses interrogatoires au Grand Conseil d'avoir emprunté ladite somme de 900. pagodes, sur quoy ils soûtiennent que le sieur Marcara est obligé de la leur rendre.

Pour détruire cette injuste pretention, il faut faire voir que le pretendu emprunt de Mirsadaly est faux, que la suposition que les sieurs Directeurs font de ce fait, est de mauvaise foy, & que l'induction qu'ils veulent tirer des réponses du sieur Marcara à ses interrogatoires est contre le veritable sens des paroles qu'il a dites, & qui sont dans ses interrogatoires.

Si l'emprunt étoit veritable, le sieur Marcara auroit donné son billet à Mirsadaly, & si les sieurs Directeurs avoient payé cette somme, il leur seroit aisé d'en rapporter des preuves concluantes, ils auroient produit la promesse du sieur Marcara au profit de Mirsadaly, ils auroient produit la quittance de Mirsadaly endossée sur la promesse du sieur Marcara : ce sont les preuves naturelles & ordinaires d'un fait de cette qualité, mais les sieurs Directeurs ne sont pas gens à se servir des voyes ordinaires & naturelles, il leur faut de l'artifice & des surprises, c'est la raison pourquoy, encore qu'ils n'ayent pas de ces preuves, leur chimere leur a persuadé qu'ils pourroient aisément surprendre la religion des Juges, & de persuader un fait qui n'a jamais subsisté.

Pour cela ils ont artificieufement confondu trois articles de l'interrogatoire fait au ſieur Marcara au Grand Conſeil, qu'il eſt à propos de raporter ; Le premier eſt l'art. 157. *Interrogé, s'il n'eſt pas vray que le Gouverneur voyant la reſolution des François, dit qu'il avoit ordre du Roy, & que luy répondant ayant paru comme Chef de la Compagnie, il auroit emprunté 900. pagodes d'or du Precepteur des enfans de la maiſon du Roy, & qu'aprés qu'on les auroit rendu, il ſouffriroit qu'on embarquaſt les marchandiſes ? A dit qu'il n'en a aucune connoiſſance.* Le deuxieme eſt l'art. 158. *Interrogé, s'il n'eſt pas vray qu'aprés que le ſieur Martin eut remontré que cette ſomme étoit pour le compte de luy répondant, comme il étoit convenu en preſence des gens du Gouverneur, il fut neanmoins obligé d'en répondre, & a depuis eſté payée des deniers de la Compagnie ? A dit que ce fait n'eſt pas veritable, & n'en a aucune connoiſſance.*

Par ces deux réponſes, bien loin que le fait ſoit étably, il eſt poſitivement détruit.

La troiſiéme eſt dans une remontrance qui ſuit : *Luy avons remontré qu'il ne reconnoiſt la verité, aprés que luy répondant n'a pas même oſé employer leſdites 900. pagodes dans ſon compte, comme ayant fait ſes emprunts pour la Compagnie. A dit qu'il n'avoit pas employé dans ſon compte ce qu'il devoit, puiſque l'on pretend qu'il étoit redevable de 4522. liv.*

Voila tout ce que les ſieurs Directeurs ont pour le fondement de leur belle induction, mais avant que d'en montrer la fauſſeté & l'impertinence, il faut voir quelle eſt la regle qu'il faut ſuivre pour tirer la verité des réponſes aux faits demandez par des interrogatoires, & enſuite prendre le veritable ſens des réponſes du ſieur Marcara.

Pour la regle d'établir un fait par les réponſes à des interrogatoires, *oportet eos qui veri amantes legitimè certare cupiunt, omnia proferre conſequenter non per dolum partem ſilentio premere, partem abruptam producere,* comme l'a remarqué le ſçavant Hugues Grotius ſur la Loy *in Civile. ff. de legibus.* Si les Sieurs Directeurs avoient eſté de ces amateurs de la verité, ils auroient raporté les trois réponſes du ſieur Marcara, & toute la terre auroit jugé qu'il étoit impoſſible d'établir un fait formellement dénié par deux réponſes ſur une ſeule qui ne dit rien de precis, & qui étant penetrée, dit tout le contraire de ce que l'on pretend.

A l'égard du véritable ſens de la réponſe du Sieur Marcara il eſt entierement contraire à l'induction des ſieurs Directeurs, car l'on voit que le ſieur Marcara a voulu faire entendre que s'il avoit employé dans ſon compte ce qu'il pouvoit & avoit droit d'y employer, c'eſt-à-dire toute la dépenſe qu'il a faite pour la Compagnie, il n'auroit pas eſté redevable de 4522. liv. il n'y a perſonne qui puiſſe diſconvenir que c'eſt là le veritable ſens de la réponſe du ſieur Marcara ; c'eſt donc mal à propos que les ſieurs Directeurs veulent induire que le ſieur Marcara avoüe le pretendu emprunt de Mirſadaly de 900. Pagodes.

On voit par là que ce n'eſt que par des artifices honteux & indignes, qu'ils s'efforcent de perſuader ce qui n'eſt pas, pour tâcher de ravir le bien d'autruy ; mais que ne doit on pas attendre des gens qui font falſifier leurs Livres pour une ſomme de 300. liv. comme il a eſté cy-devant prouvé, & qui ſont tellement aveuglez de leurs paſſions, qu'ils ne s'aperçoivent pas qu'ils s'écartent du ſens commun en publiant des choſes qui y ſont ſi oppoſées, qu'on ne peut y ſonger ſans ſans en eſtre ſurpris, car quelle apparence y auroit il que les ſieurs Directeurs euſſent voulu payer cette pretenduë dette à l'acquit du ſieur Marcara dans un temps qu'ils ſuppoſent qu'il eſt leur debiteur de 23744. liv. & qu'ils le tiennent priſonnier les fers aux pieds. Les pretenduës deliberations ſont dattées des 15. & 17. Octobre 1670. le ſieur Marcara eſtoit pour lors à Maſſulipatan, ſeroit-il poſſible qu'on eût voulu payer cette pretenduë dette à ſon acquit ſans en tirer ſon conſentement & ſans ſa participation ? Eſt-il même probable que les Miniſtres des Sieurs Directeurs, qui croyoient le ſieur Marcara accablé & perdu euſſent voulu payer pour luy quelque ſomme qu'il eût legitimement deüe ? Ils n'ont jamais eu aſſez d'honneſteté pour en uſer ainſi, puiſqu'au contraire ils n'ont eu que de la barbarie & de la dureté pour luy.

## QUATRIEME DEMANDE DES SIEURS DIRECTEURS

*de la ſomme de 300. livres pour Marchandiſes livrées au Sieur Marcara au Fort Dauphin.*

Les Sieurs Directeurs demandent le payement d'une ſomme de 300. livres, qu'ils ſuppoſent leur eſtre deüe par le ſieur Marcara pour des Marchandiſes qui luy ont eſté

fournies

fournies au Fort Dauphin, suivant l'extrait d'un Livre Journal tenu audit Fort Dauphin.

Le sieur Marcara répond qu'il ne doit rien du Fort Dauphin, & pour le prouver, il a produit au 4. sac cotte G. des bonnes Quittances, signées, du Guet Marchand & Garde Magazin de la Compagnie audit Fort Dauphin, estans au bas des memoires qui designent toutes les Marchandises qui ont esté fournies au Sieur Marcara pendant tout le temps qu'il a demeuré au Fort Dauphin, comme il a esté cy-dessus plus amplement expliqué.

## CINQUIE ME DEMANDE DES SIEURS DIRECTEURS,
### de la somme de trois mil livres.

Les sieurs Directeurs ont esté condamnez par Arrest contradictoire du Conseil, du 19. Mars 1687. à payer au sieur Marcara 3000. livres de provision qu'il a touchées, ils pretendent que le sieur Marcara est obligé de leur rendre.

Le sieur Marcara répond qu'il leur en tiendra compte sur ce qui luy est deub par la Compagnie.

## SIXIE'ME DEMANDE DES SIEURS DIRECTEURS,
### de la somme de 100000. livres pour les pretendus dommages & interests de la Compagnie

Les Sieurs Directeurs pretendent que la Compagnie est constituée en des dommages & interests, qui se montent à des sommes immenses, pour les pertes qu'elle a souffertes par les malversations & mauvaise conduite du sieur Marcara, pour lesquels ils se sont restraints à la somme de 100000. liv. de laquelle ils demandent le payement.

Mais comme le sieur Marcara a justifié sa conduite au Grand Conseil, qui par l'Arrest du 30. Mars 1680. l'a renvoyé absous de toutes les calomnies des sieurs Directeurs, ce ne peut plus estre pour ces pretenduës malversations & mauvaise conduite, qui faisoient le fondement de leurs accusations au Grand Conseil, qu'ils demandent ces dommages & interests. Il faut croire plûtôt que c'est pour la peine qu'ils ont prise depuis plus de 18. ans de tourmenter le sieur Marcara, de l'avoir fait emprisonner sans sujet, sans raison, sans pretexte & sans aucune forme de justice, de luy avoir enlevé tous ses effets & papiers sans en faire inventaire, de luy avoir fait signer de pretendus comptes le pistolet sous la gorge le lendemain de son emprisonnement, de l'avoir detenu pendant 32. mois dans des cachots infectez de divers Vaisseaux, tout nud au biscuit & à l'eau, attaché ensemble à de grosses barres de fer avec son Fils & son Neveu âgé de quatre ans, d'avoir fait mourir ce pauvre enfant innocent, dont la tendresse de l'âge n'a pû resister à tant de cruautez, & que l'air infecté qu'il a respiré pendant si long temps dans ces puants cachots, a enfin suffoqué, d'avoir encore detenu ces pauvres innocens prisonniers pendant 11. mois dans la Citadelle du Port Loüis, sans qu'il en sçachent la cause & sans les acculer, d'avoir traduit le sieur Marcara & son Fils après deux ans de procedures, du Conseil Privé au Grand Conseil, du Grand Conseil, après trois ans de procedures criminelles, & qu'ils ont esté renvoyez absous de trente-deux Chefs d'accusations, que les sieurs Directeurs leur avoient imposées, au Châtelet, du Châtelet derechef au Conseil Privé, où ils se sont épuisez en malice & en chicanes depuis neuf ans pour empêcher par toute sorte de surprises & d'artifices le jugement de l'Instance, pour tâcher de consommer le sieur Marcara, ( qui est un Etranger éloigné de 2500. lieües de son païs, & qui n'a aucun support en France, ny protection que son innocence, la bonté de sa cause & la justice de ses demandes.) en frais, & de le reduire par leur credit dans l'impuissance de subsister, & enfin de le faire perir, s'ils pouvoient, afin de luy ravir son bien, après avoir inutilement attenté à son honneur, à sa reputation & à sa vie. Cette conduite des sieurs Directeurs fait bien voir qu'ils ne s'attendent pas d'obtenir ces pretendus dommages & interests par l'Arrest qui interviendra, mais qu'ils apprehendent une juste condamnation contr'eux sur toutes les demandes du sieur Marcara.

Enfin ce que les siecles à venir auront peine à croire est que ces Messieurs qui

font gloire d'eftre fous la protection de Sa Majefté abufent de cette même protection
fi élevée & fi confiderée dans tout le monde, lorfque par des impoftures accumulées,
ils traittent le fieur Marcara d'homme profcrit & de baffe extraction, & qu'apres
un Arreft folemnel d'abfolution, ils font affez hardis pour le maltraitter comme on
feroit un criminel.

Ces calomnies tant de fois repetées cauferoient peut eftre de l'étonnement à des
perfonnes moins conftantes que le fieur Marcara; mais comme les fieurs Directeurs
l'ont accoûtumé aux fouffrances, il fait gloire de celles qu'ils luy redoublent, puifque par les veritables preuves de fa Genealogie & de fon innocence, qu'il a raportées
dans le commencement, il a la fatisfaction de vaincre des ennemis auffi puiffans qu'eux,
à la veüe du plus jufte de tous les Potentats du monde, qui fans fe laiffer prevenir
par des vaines exagerations, qui ne font que des figures d'une rethorique mal étudiée,
fçait par fes propres lumieres, difcerner le vray d'avec le faux, & faire juftice aux
innocens opprimez en condamnant les coupables.

## Monfieur QUENTIN DE RICHEBOURG, Rapporteur.